Osez...
la masturbation féminine

dans la même collection

Osez tout savoir sur la fellation, Dino
Osez l'échangisme, Hélène Barbe
Osez faire l'amour partout sauf dans un lit, Marc Dannam
Osez les jeux érotiques, Dominique Saint-Lambert
Osez le sexe sur Internet, Thomas Perrin
Osez tout savoir sur le SM, Gala Fur
(Pour vous les filles) Osez les conseils d'un gay pour faire l'amour à un homme, Érik Rémès
Osez la fessée, Italo Baccardi
Osez vivre nu, Marc Dannam
Osez le sexe selon les astres, Brigitte Lahaie
Osez le bondage, Axterdam
Osez tourner votre film X, Ovidie
Osez préparer votre corps à l'amour, Italo Baccardi
Osez faire l'amour à 2, 3, 4, Marc Dannam
Osez les nouveaux jeux érotiques, Velvet et Dominique Saint-Lambert
Osez découvrir le point G, Ovidie
Osez la bisexualité, Pierre des Esseintes
Osez le Kama Sutra, Marc Dannam et Axterdam
Osez la chasse à l'homme, Jane Hunt
Osez réussir votre nuit de noces, Marc Dannam
Osez la sodomie, Coralie Trinh Thi
Osez l'amour pendant la grossesse, Ovidie
Osez la drague et le sexe gay, Raphaël Moreno
Osez coucher pour réussir, Étienne liebig
Osez les sextoys, Ovidie

Illustration de couverture : Arthur de Pins
Illustrations intérieures : Axterdam
Conception graphique : Carole Peclers, Monique Plessis

122, rue du Chemin-Vert
75011 Paris

ISBN : **978-2-84271-301-0**

ISSN : 1768-496X

Jane Hunt

Osez...
la masturbation féminine

La Musardine

du même auteur

Osez la chasse à l'homme, La Musardine, 2007.

À quoi pensent les hommes ?, City éditions, 2007.

Retrouvez Jane Hunt sur Myspace :

http://myspace.com/janehunt

sommaire

prologue

La masturbation féminine est en voie de réhabilitation et l'éloge de cet art subtil fait aujourd'hui la une de tous les médias. Après l'avoir longtemps combattue, la haute académie des messieurs Purgons du sexe affirme que cette pratique délicieuse peut constituer un remède efficace à la frigidité. Soudain « utile », la masturbation féminine en devient « tendance ». Si bien qu'on tombe aujourd'hui dans l'excès inverse : hors de la masturbation systématique et raisonnée, point de salut sous la couette. Sur le sujet, les traités abondent et les marchands ont envahi le temple d'Onan avec des sextoys ultramodernes en forme de canard ou de lapin d'un ridicule achevé.

Pourtant, à l'écart de ces parisiennes polémiques, dans certaines banlieues ou provinces pas si reculées, nombreuses sont les femmes qui hésitent à s'y adonner pleinement, sans honte, sans remords ni crainte. Nombreuses encore sont celles qui se gardent de donner leur plaisir en spectacle à leur partenaire, de peur d'être mal jugées. Rares sont celles qui se hasardent à demander à leur homme ce qu'elles souhaitent, au millimètre près, de peur de ne pas rentrer dans les normes édictées en la matière par Dorcel et consorts, producteurs de vidéos pornos, normes en lesquelles trop d'hommes croient encore. Trop fréquemment aussi, les femmes se censurent au lit ou chez elles au motif que la masturbation n'est pas une « véritable jouissance », mais une jouissance « volée » à leur partenaire.

C'est que l'onanisme des deux sexes – et surtout l'onanisme féminin – a été depuis des siècles frappé du sceau de l'infamie. Péché mortel de l'Antiquité au Moyen Âge, il est devenu porteur de maladies et de folie dans les sociétés modernes et hygiénistes. Puis, au début du XIXe siècle et jusqu'à il y a à peine trente ans, la masturbation féminine est apparue, sur le divan, comme le signe d'une immaturité psychologique.

Sa réhabilitation au rang de plaisir légitime et à part entière est donc toute récente. C'est pourquoi il était bon de produire ici, au sein d'une collection qui « ose », un petit écrit hors des chemins pénibles de l'expertise médicale et sociologique, afin de dédramatiser et rendre spontanéité et joie à un si simple et si honnête plaisir.

1. histoire de la masturbation

L'histoire de la masturbation féminine suit de près celle de la masturbation masculine. Pour une fois, hommes et femmes sont traités de façon presque égale sur le sujet. On remarque quatre grandes périodes dans l'attitude des humains vis-à-vis de la masturbation :

- De L'Antiquité jusqu'au Moyen Âge
- Du début du XVIIIe siècle au début du XXe siècle
- Des années trente au années 1970
- Des années 1970 à nos jours

Jusqu'au Moyen Âge la masturbation n'est quasiment pas évoquée, elle est tolérée voire encouragée dans certaines sociétés et dans l'Antiquité. La ceinture de chasteté des épouses de Croisés ne vise à réprimer que l'adultère, la tentation lesbienne ou masturbatoire n'est pas clairement visée. Ce n'est qu'avec l'avènement du monothéisme que les religions commencent à « chasser les sorcières » masturbatrices...
Que celle qui n'a jamais eu envie de chevaucher un balai et de s'élever à quelques mètres au-dessus du sol nous jette la première pierre ! La sorcière lubrique, l'hystérique possédée par le mal, commence par griller sur les bûchers pour avoir commercé avec Satan ; la masturbation n'est pas encore la cause directe de sa disgrâce, mais on devine déjà les contours d'une répression sexuelle à venir.

La véritable répression contre la masturbation, pour les deux sexes, commence exactement en 1712, selon Thomas Larqueur, historien du sujet [1], par la publication d'un opuscule, *Onania,* commis par un dénommé John Marten, chirurgien suisse de son état. Par son sensationnalisme de bazar, *Onania* connaît un considérable succès en dénonçant violemment les maux induits par la masturbation : cécité, faiblesse pathologique, neurasthénie pour ne point parler de la mort prématurée qui attend les fauteurs des deux sexes. Jamais avant, la santé et l'intégrité du corps physique n'avaient été cités comme le prix à payer pour une telle pratique.

1. Thomas Laqueur, *Le Sexe en solitaire, Contribution à l'histoire culturelle de la sexualité,* Gallimard, 2005.

Mais *Onania* n'est que le premier d'une longue série d'écrits. Médecins, comme le célèbre Tissot (1758), ou le docteur Bienville, éducateurs, pédagogues, moralistes s'emparent du sujet pour construire de véritables épouvantails contre le vice caché, instruisant son procès avec les arguments de la science.
Au XVIIIe siècle, ce fameux docteur Bienville appelle le libertinage solitaire des femmes « *l'effrénée cupidité vénérienne* », et lui trouve une cause hystérique, préparant ainsi l'arrivée des théories freudiennes.
À l'époque victorienne, la croisade anglaise contre la masturbation atteint des sommets inégalés. On accuse toujours l'onanisme d'engendrer toutes sortes de maux : saignements de nez, asthme, souffle au cœur, épilepsie, folie...
Pour dissuader les enfants de cette pratique, les parents imposent alors des interventions chirurgicales : circoncision, castration, clitoridectomie...
La masturbation, au XIXe siècle, est regardée comme un vice affreux qui « décime la jeunesse ».
On lui prête des effets sur la santé à ce point néfastes qu'elle apparaît comme une forme d'autodestruction. « *Cette pratique abominable* », dit, en 1860, un médecin français, « *a mis à mort plus d'individus que ne l'ont fait les plus grandes guerres jointes aux épidémies les plus dépopulatrices* » (il faut le lire pour le croire !). Cette horreur et cette peur pénètrent la société occidentale. Elles ont traversé l'Atlantique. « *Les mots* », lit-on dans un ouvrage américain de 1870, « *sont impuissants à décrire les misères que la masturbation vous inflige durant votre vie entière et jusqu'à votre mort. Ces misères vous suivent et vous rongent sans cesse. Mieux vaut encore mourir sur-le-champ*

que de vous polluer ». Pour prévenir ou pour guérir le mal, des médecins ou des éducateurs n'hésitent pas à déclarer qu'il faut inspirer aux jeunes gens un véritable sentiment de terreur. C'est chose faite, on le voit.

On est, il faut le dire, en pleine période orthogéniste et hygiéniste, si bien décrite par Michel Foucault dans *Surveiller et punir* [1]. L'époque de l'ère industrielle où se referment les asiles sur les populations minoritaires et « hors normes », où se quantifie le profit, où se catégorisent scientifiquement les perversions, où s'excisent chirurgicalement les lobes cérébraux déficients et les « parties honteuses » afin que nul individu ne dépasse les bornes fixées par le capitalisme naissant. Il n'est qu'à lire le volumineux ouvrage du « bon » docteur Richard von Krafft-Ebing, *Psychopathia sexualis* [2], qui présente doctement, telle une galerie de monstres de foire, toutes sortes de cas d'individus « malades » qui d'homosexualité, qui de fétichisme, qui de tendances masturbatoires...

Une des raisons de cette répression est expliquée par Philippe Brenot dans son *Éloge de la masturbation* [3] ; en 1677, Leeuwenhoeck découvre l'existence des spermatozoïdes, à l'époque surnommés « les animalcules ». Dès lors, **se masturber rime avec gâcher**. En effet, chaque fois qu'on éjacule, c'est quelques milliers de petits animaux qu'on envoie dans les égouts. Quand

1. Michel Foucault *Surveiller et punir, Naissance de la prison,* Paris, Gallimard, 1975.
2. Docteur Richard von Krafft-Ebing, *Psychopathia sexualis,* réédition française Librairie Thierry Garnier & Climats, 1990.
3. Philippe Brenot, *Éloge de la masturbation,* Zulma, 2002.

le capitalisme prônera la défense de la propriété et la thésaurisation des avoirs, pareille activité – la masturbation et donc la trucidation de masse des fameux animalcules – passera pour du pur gaspillage... Question d'époque. Quelque temps plus tard, on produit en usine et le capitalisme thésaurise : interdiction, donc, de se branler.

Freud, contemporain de cette vague répressive, va affiner la répression de l'orgasme onaniste à travers ses théories. C'est là que la femme est plus particulièrement visée. Selon Freud, les orgasmes clitoridiens sont le signe d'une immaturité psychologique et il est bon de rapidement transférer le plaisir au vagin sous peine de grave névrose. Le résultat est le même : plus de masturbation. Freud ne recommande pas d'utiliser son clitoris, mais plutôt « d'y renoncer » – ce sont ses termes !

Cette pauvre Marie Bonaparte, patiente et fervente admiratrice de Freud devenue elle-même plus tard analyste, ira jusqu'à se faire opérer deux fois pour tenter de rapprocher chirurgicalement son clitoris de son vagin afin d'en capter les ondes orgasmiques de façon plus « mature ». On ne peut que s'affliger d'une telle ânerie et d'un tel massacre du clitoris et on ne saurait que trop lui recommander plus simplement la lecture de l'ouvrage d'une jeune personne avisée, Ovidie, sur le point G [1]. Dommage, Marie Bonaparte, malgré toute sa science, ne pouvait matériellement, à l'époque, rencontrer Ovidie...

1. Ovidie, *Osez tout savoir sur le point G,* La Musardine, 2007.

Les suffragettes contre-attaquent : de 1920-1930 à 1970, les gays relaient le combat.

Bien obligées de se masturber en attendant le retour improbable des poilus de 14-18, les femmes commencent à faire litière de toutes ces sornettes freudiennes et décident de se pencher sur le problème. Elles découvrent qu'on peut bien s'éclater sans hommes et que la fée électricité leur procure déjà de nouvelles joies inconnues jusqu'alors : celles du vibromasseur (voir le chapitre consacré à ce sujet).

Concomitamment à la reparution du livre de Krafft-Ebing, un autre médecin, Wilhem Stekel, dans *Onanisme et Homosexualité,* paru en 1923 à Berlin, détruit deux préjugés : que l'onanisme est dangereux pour la santé et que l'homosexualité est une perversion.

Plus tard, en 1933, le docteur Robert Dickinson, pour composer son *Atlas of Human Sex Anatomy* demande à ses clientes de lui raconter comment elles se masturbent. C'est lui qui, par ailleurs, « introduit » l'emploi du vibromasseur en clinique gynécologique ; posé sur la région clitoridienne, cet appareil était destiné à provoquer un premier orgasme chez une femme qui avait ensuite quelque chance de répéter cette expérience, soit en se masturbant, soit en faisant l'amour. Pareillement, Helen S. Kaplan, professeur de psychiatrie, soigne les femmes frigides dans son service de thérapie sexuelle au New York Hospital Center avec l'utilisation du vibromasseur qui, appliqué sur le clitoris pendant au moins 45 minutes, permet aux bienheureuses patientes d'atteindre les paroxysmes de l'orgasme. Tandis que le Dr Helena Wright, gynécologue à Londres, décrit en 1930 dans *The Sex Factor in Marriage,* les différents orgasmes dans la masturbation.

L'électricité au secours de la ménagère.
L'émancipation sexuelle féminine en cette période a clairement bénéficié de deux faits : l'invention du vibromasseur à piles et son corolaire, la prescription de la masturbation comme traitement de la frigidité. On peut donc avancer sans craindre le ridicule que le vibromasseur ouvre une ère de progrès en matière d'orgasme qui va accompagner les trente glorieuses de ses sons mélodieux.

1948-50, les langues se délient, les chiffres parlent.
À la fin des années 1930, aux États-Unis, le docteur Alfred Kinsey, jusque-là plutôt captivé par les insectes, décide de délaisser l'entomologie pour une mission cruciale : explorer la sexualité masculine. Il accumule des milliers de témoignages et publie, en 1948, le rapport explosif qui porte son nom (*Sexual Behavior in the Human Male,* réédité en 1998 aux USA par Indiana University Press). Le livre est accueilli avec stupeur et enthousiasme outre-Atlantique et dans de nombreux pays occidentaux, dont la France. Pour la première fois, il dévoile la réalité crue et surtout chiffrée de la vie sexuelle des individus : la honte descend dans la rue, les personnes qui se masturbent savent que leur prétendue « anormalité » est à présent parfaitement normale puisqu'ils sont 92 % de mâles américains à polluer leur literie et 68 % de femelles du même pays à s'auto-envoyer en l'air... sans devenir ni sourds ni aveugles ! Cinq ans plus tard, Kinsey récidive avec une étude sur la sexualité féminine (*Sexual Behavior in the Human Female,* réédité en 1998 aux USA par Indiana University Press). Cette fois, c'est le scandale, le docteur devient un paria. Ce qui était acceptable pour les hommes ne l'est pas pour les femmes. Dès lors, les féministes durcissent leurs positions.

> Woody Allen : « *Finalement j'ai eu un orgasme. Mais mon docteur m'a dit que ce n'était pas le bon.* »

1970, années érotiques.

Les féministes anti-Freud de la fin des années 1960 et du début des années 1970 proclament le triomphe de la masturbation féminine comme seule forme d'activité sexuelle procurant une véritable jouissance à la femme. On tombe dans l'excès inverse, mais cette tendance sert notre présent propos. La masturbation féminine est explorée et défendue comme il se doit.

C'est le cas de ce collectif de Boston qui publie *Nos corps, nous-mêmes* (*Our Bodies, Ourselves*). Elles critiquent à la fois l'ancienne culpabilité liée à la masturbation et le modèle freudien : la masturbation est une voie essentielle dans la connaissance de soi, dans l'expérience et l'expression de son corps et de son plaisir. C'est un peu aussi le cas du plus récent rapport « Hite » [1], qui affirme que 82 % des femmes se masturbent : cela signifie que, depuis le dernier rapport Kinsey, soit en près de trente ans, elles sont environ 20 % plus nombreuses à avoir trouvé le mode d'emploi de leur clitoris... ou à l'avouer. On pourrait juste reprocher aux féministes de se servir trop souvent de la masturbation pour éviter tout commerce avec le sexe opposé et glorifier les rivages de Lesbos. Auteur que nous sommes de *Osez la chasse à l'homme* [2], nous ne saurions cau-

1. *Rapport Shere Hite,* Robert Laffont, 1977. Nouvelle édition revue et augmentée parue en 2002 en poche (J'ai lu).
2. Jane Hunt, *Osez la chasse à l'homme,* La Musardine, 2007.

tionner pareille prise de position. Pour autant, ce sont bien les féministes qui ont déboulonné la statue de Freud sur le chapitre de la masturbation féminine et c'est heureux.

L'arrivée du SIDA et le sexe sans risque.

L'ultime évolution de la perception de l'activité de masturbation est marquée par l'arrivée du sida. « *Il faut créer autre chose* », rapporte le sociologue André Béjin en 1993, « *nous sommes obligés d'inventer une nouvelle forme de sexualité et de redéfinir les règles du jeu* ». De jeu, il en est bien question dans les jack-off parties des gays, mot à mot parties à plusieurs où on se masturbe jusqu'à éjaculer de concert. Le sida arrive dès le début des années 80 dans les pays occidentaux, l'épidémie se propage et l'invention des trithérapies ne survient qu'à la fin des années 90. Durant ce temps, les gays, population très touchée par la maladie, inventent un « safe sex », « sexe sans risque » qui rend à la masturbation ses lettres de noblesse. Que les femmes en « profitent » dans la foulée est incontestable. À présent, se masturber est devenu un geste de santé publique.

Pour autant, notre petit livre s'avère – encore – nécessaire. Les femmes ont besoin de se documenter encore et encore. Il vrai que le sexe est un sujet dont on ne se lasse pas, mais aussi, les anciennes peurs et les interdits, lourds de 150 années de désinformation sur le sujet, perdurent.

2. les idées reçues sur la masturbation féminine

Depuis que la masturbation féminine fait la une des magazines, on pourrait penser que toute la lumière a été faite sur le sujet. Erreur. Les amants jeunes et moins jeunes continuent de colporter des âneries sur la femme et son plaisir solitaire. Derrière ces préjugés qui résistent à l'information, il se trouve sans doute une grande crainte chez les hommes : celle de ne pas arriver à contrôler tout ou partie du plaisir féminin. À

présent qu'ils ont découvert le clitoris, ces messieurs voudraient le tenir en laisse, lui faire faire le beau, sauter dans un cerceau et récolter en plus tous les applaudissements... non mais !
Parmi les délires des hommes sur le sujet, il en existe pas mal qui participent de cette démarche que les sociologues (qui n'en sont pas moins hommes) appellent « l'ethnocentrisme » : les hommes croient que notre clitoris fonctionne comme leur pénis au motif qu'il en est l'ancêtre embryonnaire.

Les délires des hommes

Plus le clitoris est long plus la femme est chaude au lit

C'est au moins aussi stupide que de dire des hommes que les grands formats sont de bons coups. Même si cette dernière condition aide beaucoup les filles à monter au septième ciel, elle n'est nullement une garantie de dextérité de l'amant. Eh bien messieurs, pour le clitoris c'est exactement pareil. Les femmes qui possèdent un bel arsenal ne sont pas plus chaudes ni plus sensibles que les autres.
Certes, vous aurez beaucoup plus de facilité à débusquer dans les replis des nymphes un clitoris de 2 cm plutôt qu'une petite tête d'épingle, mais il se peut que vos caresses restent sans effet tellement la demoiselle

sera bloquée par le sexe en général. Donc ne boudez pas votre plaisir si vous tombez sur une amante à petit clitoris, elle fonctionne au moins aussi bien que l'autre.

« J'ai toujours été très complexée par la taille de mon clitoris que je trouvais immense et hideux. Quand j'étais adolescente je croyais qu'il allait pousser encore et que je finirai par devenir un garçon. J'étais assez ignare des choses du sexe, je ne me masturbais pas et longtemps, ce clitoris m'a empêchée de profiter pleinement de ma sexualité. J'ai fait l'amour à 21 ans pour la première fois car j'avais très peur qu'un garçon ne découvre mon honteux secret : que j'étais un garçon potentiel qui continuait de se déguiser en fille. »

Il y a des femmes qui n'ont pas de clitoris

Et il y a des garçons qui ont besoin de lunettes ! Toutes les femmes ont un clitoris, une telle malformation est rarissime, sinon c'est que la femme a été excisée. La plupart des femmes qui croient ne pas avoir de clitoris parviennent néanmoins à l'orgasme en se masturbant : dont acte !

Dans ce cas c'est juste que le clitoris est extrêmement petit (de la taille d'une tête d'épingle).

Ce faisant quand un homme peu adroit n'arrive pas à « trouver » le clitoris de sa partenaire, il s'empresse de décréter qu'elle n'en a pas ; ce qui lui épargne du même coup d'avoir à lui donner du plaisir... Malin le gars !

Sauf que la dame risque fort d'être une bombe sexuelle au lit, car là encore, cela n'a rien à voir avec la taille : un petit clitoris peut parfaitement être explosif. Tant pis pour celui qui le loupera.

« Mon ami, qui était éjaculateur précoce et à qui je m'étais plainte de ne rien ressentir m'a dit que je n'avais pas de clitoris et que c'était pour cela que je ne ressentais rien. Comme je ne me masturbais pas, je n'avais effectivement jamais éprouvé de plaisir et je pouvais donc penser qu'il disait vrai. Inquiète, je suis allée consulter une sexologue. Elle m'a dit qu'aucune femme ne naissait sans clitoris. Elle m'a montré très simplement où il se trouvait avec un miroir. Il était très petit, sous son capuchon, on ne le voyait presque pas mais il existait ! J'ai quitté mon ami et à présent que j'ai rencontré quelqu'un avec qui cela se passe bien, je peux vous dire que j'ai des orgasmes très forts qui n'ont rien à voir avec la taille de mon clitoris... »

Une femme frigide est une femme qui n'a jamais été correctement baisée

Preuve donc que les bons baiseurs ne sont pas légion, mais ça on le savait. Pour autant, dire cela à une femme, ou d'une femme, dénote du machisme le plus primaire qui soit. Il faut d'abord s'entendre sur la définition même de la frigidité et aussi des causes de celle-ci qui peuvent être des plus diverses.

Les femmes anorgasmiques, qui ne se sont jamais masturbées, ont sans doute de bonnes raisons de fonctionner ainsi. C'est leur inappétence naturelle pour le sexe et l'absence totale de masturbation qui fait qu'elles ne peuvent aller au-delà avec un homme. Si elles en souffrent c'est dommageable, mais si c'est le regard que les hommes et les femmes portent sur elles qui les font souffrir, c'est inadmissible. Ne vous laissez jamais dire que vous êtes « mal baisée » ; rétorquez plutôt à votre goujat que c'est parce que vous n'avez rencontré que des hommes épais comme lui que vous n'avez pas pris goût plus que cela au sexe.

Une nymphomane est une femme qui se masturbe trop

Trop ? C'est-à-dire ? Prenez garde aux hommes qui vous taxent d'être « trop ceci » ou « pas assez cela ». Prenez garde aussi aux psys de tous poils qui, il y a seulement 30 ans, vous auraient sévèrement reproché de jouir « clitoridiennement » et qui maintenant organisent des stages très lucratifs pour vous apprendre à le faire. Ne vous laissez enfermer dans aucun chiffrage ni schéma (ceux qui sont donnés ici sont là pour vous situer parmi d'autres femmes et non pour vous faire entrer dans une norme).

Une nymphomane est une femme qui fait l'amour avec tous les hommes qu'elle rencontre sans discernement et pour juguler une angoisse. Une femme qui se masturbe plusieurs fois par jour peut éventuellement aussi présenter des symptômes d'angoisse, mais pas toujours.

Dans tous les cas, c'est à vous de le découvrir et de le déterminer en fonction des différents avis que vous aurez pris. Laissez votre sexualité s'exprimer librement.

Un bon amant sait masturber sa partenaire

Oui et non. Un bon amant est surtout quelqu'un qui est à l'écoute de sa partenaire. Il se rencarde d'abord sur la façon qu'elle a de se faire jouir avant de tenter de lui imposer une quelconque façon de faire qu'il aurait – allez, au hasard ! – pu voir dans un porno. Il n'insiste pas si elle ne veut pas qu'il la touche, il la laisse se masturber devant lui si elle en a envie et ne la serine pas pour le faire s'il sent qu'elle n'est pas prête pour ça. Bref, un bon amant n'est pas un pot de colle qui sait tout sur tout en matière de sexualité féminine, mais un homme qui sent les choses et accueille avec émerveillement tout ce que sa partenaire peut lui donner.

« J'avais un ami qui voulait à tout prix me faire jouir en me caressant directement le clitoris avec sa langue. Je n'aime pas ça. Je ne jouis jamais comme ça même si ça peut m'exciter. Je lui ai montré que j'aimais me frotter contre sa jambe, il m'a dit que ça lui faisait penser à une petite chienne. J'ai été horrifiée, je n'ai plus pu rien faire avec lui, ça m'a bloquée. »

Une femme commence à se masturber quand elle est pubère

Et un homme aussi alors ? Là encore, on ne voit pas pourquoi une femme serait plus retardée dans sa sexualité qu'un homme. Les petites filles se masturbent volontiers et très tôt (dès deux ans). Toutes ne le font pas, mais cela arrive et cela ne veut nullement dire qu'elles sont des nymphomanes en puissance. Les hommes aiment à penser qu'ils sont plus développés que nous en matière de sexualité. La plupart des hommes, même s'ils affirment haut et fort rechercher désespérément une bombe sexuelle au lit, prennent la poudre d'escampette lorsqu'ils la trouvent. Pourquoi ? Mais toujours pour garder le contrôle sur nous bien sûr ! La plupart des hommes qui se retrouvent face à une femme qui aime le sexe sont confrontés à la crainte terrible de « ne pas être à la hauteur ».

« Un soir qu'on se faisait des confidences sur nos vies sexuelles, mon copain m'a dit qu'il se masturbait depuis qu'il était tout petit. Je lui ai dit que moi aussi. Il ne m'a pas crue. Il m'a dit qu'il le saurait bien si j'étais une nymphomane, qu'il me connaissait et que se masturber si jeune pour une fille était impossible. Je n'ai pas insisté, j'ai bien vu que cela le choquait. »

Il suffit de toucher le clitoris d'une femme pour qu'elle soit excitée

Encore un exemple fameux qui illustre à quel point les hommes pensent que nous fonctionnons comme eux. Non bien sûr, une femme n'est excitée que si le mental est au diapason de la situation. Sinon, n'importe quel quidam pourrait se saisir du clitoris de sa voisine pour la mener là où bon lui semble. Et du reste, vous, les hommes, seriez-vous réellement excités si n'importe quelle fille attrapait votre sexe en main sans vous prévenir ?

Donc, on ne se rue pas sur sa partenaire, les préliminaires ne se situent pas juste au niveau du clitoris, mais sur tout le corps.

« Mon ex avait la fâcheuse habitude de penser que tout devait nécessairement bien se passer du moment qu'il stimulait mon clitoris. Mais il n'a jamais su que toutes ses savantes caresses apprises dans les films pornos dont il faisait grand usage ne me faisaient ni chaud ni froid. J'ai tenté au début de lui expliquer que, premièrement, je préférais un long baiser langoureux à toute autre stimulation préalable et que, deuxièmement j'étais la seule à connaître le mode d'emploi de mon clitoris, rien n'y a fait. Il me disait toujours d'un ton péremptoire : "Laisse- moi faire, je sais ce que je fais, les autres ont toujours aimé ça." Inutile de dire qu'il n'a pas fait long feu. Au bout de six mois, je l'ai viré. »

Les idées fausses des femmes

Ma façon de me masturber « n'est pas la bonne »

J'ose espérer qu'après avoir parcouru ce « Osez » vous oublierez définitivement ce genre d'âneries. Si c'est bon, alors... C'est bon ! Un point c'est tout. Certes, pouvoir jouir de différentes manières et en toutes circonstances et grâce à n'importe quel doigt est – peut-être – un avantage sur celles qui ont besoin de tout un tas d'accessoires et de rituels pour le faire, mais quel est l'intérêt pour toutes si ce n'est d'arriver à l'orgasme ? Cette réflexion est un reliquat de mauvaise conscience concernant la masturbation. On voudrait avoir une masturbation esthétique et propre sur elle, comme celles qui sont mises en scène dans les films X. C'est stupide. La masturbation n'est pas un spectacle, c'est un moment intime avec soi-même.

Ma façon de jouir n'est pas la bonne

C'est la plainte de toutes les femmes ou de beaucoup d'entre elles qui ne jouissent que « clitoridiennement ». Résultat, elles se gâchent la vie – et leurs parties de jambes en l'air par la même occasion – à chercher ce qui pourrait bien les faire changer, ou ce qui est la cause de leur manque de conformité à la norme... D'autres encore se torturent la cervelle et claquent des sommes astronomiques chez le psy (qui encourage largement ce genre de questionnement à la noix) pour déterminer si les orgasmes qu'elles éprouvent sont suffisamment intenses et suffisamment profonds, assez creux, lointains, tintinnabulants ou en trompette...

Une femme qui ne jouit qu'avec son clitoris et pas avec son vagin n'est pas une « vraie » femme

Ce genre de propos crypto-machisto-freudien a été au moins autant la cause de tous nos tourments que l'interdiction de se masturber. Cette bêtise, proférée à Vienne dans les années noires n'a été rien moins pour les femmes qu'une excision mentale que le père Freud et ses disciples ont perpétrée [1].

Des milliers de femmes occidentales se sont alors dévalorisées et autoflagellées pour parvenir à « devenir de vraies femmes », alors qu'elles préféraient tout simplement la jouissance clitoridienne. Voici même jusqu'où est allée une analysée et proche de Freud, Marie Bonaparte.

> *« Freud [...] consacre définitivement la misogynie des psychanalystes à l'égard des femmes avec son fameux concept « d'envie de pénis ». La femme envie le pénis de l'homme et c'est en y renonçant qu'elle accèdera à son véritable être féminin. Ben voyons. Quoique très décriée par de nombreuses femmes, cette théorie a fait bien du dégât chez les patientes. Jusqu'à cette malheureuse Marie Bonaparte, proche et fidèle disciple du médecin viennois, qui, ne pouvant renoncer à l'orgasme clitoridien comme le lui préconisait son maître, alla jusqu'à se faire opérer plusieurs fois de suite pour rapprocher chirurgicalement son clitoris de son vagin. »*
>
> Extrait du livre de Marie-Jeanne Marti,
> *Les Marchands d'illusions* [2].

1. Lire à ce propos l'intolérant Gérard Zwang qui dans son *Sexe de la femme* (Tchou, 1978) traite les clitoridiennes comme des êtres inachevés et immatures.
2. *Les Marchands d'illusions, Dérives, abus, incompétences de la nébuleuse « psy » française*, Marie-Jeanne Marti, Pierre Mardaga éditeur, 2006.

Il faut que j'arrive à jouir quand mon partenaire me masturbe

Les « il faut que » ne sont pas très érotiques. Sachez que votre façon de jouir par la masturbation vous est propre et ne pourra guère varier. Donc si vous n'arrivez pas à jouir sous les doigts de votre partenaire, ce n'est pas forcément de sa faute, mais c'est juste parce que vous êtes ainsi et voilà tout. Ne vous faites aucun reproche dans ce sens et ne vous en laissez faire aucun. Les hommes sont comme nous. Le prouve ce témoignage d'homme parlant de la fellation :

« Aucune femme, même très expérimentée, ne m'a jamais fait jouir grâce à une fellation. Je ne jouis pas comme ça même si j'adore cette caresse. Pareil, je préfère me masturber moi-même plutôt qu'une femme le fasse. En revanche j'aime qu'elle me regarde et m'accompagne de caresses, de paroles et de regards. »

3. leçon d'anatomie

Beaucoup de sexologues signalent, dans les problèmes rencontrés par leur patientes pour parvenir à l'orgasme, une méconnaissance de leur propre corps. La plupart des femmes qui ne se masturbent pas ou se sont masturbées tard, sont aussi celles qui ne se regardent pas le sexe et donc ignorent comment il est fait. De même, beaucoup de femmes se croient anormales parce que leur sexe ne ressemble pas à ceux qu'elles ont pu apercevoir dans les magazines ou les films pornos.
Si vous n'avez jamais regardé votre sexe les yeux dans les yeux, c'est le moment ici de le faire, et vous pourrez ainsi vérifier point par point que tout est en excellent état de marche et que vous possédez tout ce qu'il faut pour parvenir au plaisir, seule ou accompagnée.

Par ailleurs, la masturbation est aussi l'école de la sensualité. Pour apprendre à connaître vos réactions, il n'y a pas meilleur moyen. Faisons donc un tour du propriétaire...

Votre corps : zones érogènes

Se ruer sur son clitoris quand on n'est pas habituée à se donner du plaisir risque de conduire à l'échec. Pour devenir une experte dans l'art de se faire jouir, ou, pour celles qui en ont déjà l'habitude mais aiment savourer ce moment, il importe de bien connaître ses zones érogènes. Chacune a ses préférences : telle femme appréciera d'être caressée sur les seins, une autre n'aura pas les mamelons sensibles. Pour toutes, le baiser est la porte d'entrée obligatoire et entretient l'excitation durant sa montée (pour la masturbation en couple). Le sexe et ses abords sont aussi toujours sensibles pour toutes les femmes.

LA BOUCHE

C'est la première zone à être stimulée par le baiser. Évidemment, toute seule on ne peut pas faire grand-chose. Pour autant, essayez quand même de vous embrasser dans un miroir en pensant à votre amant et en fermant les yeux, vous constaterez des résultats immédiats. Vous pouvez aussi caresser votre bouche avec un objet doux, si vous êtes très sensible des lèvres cela devrait être efficace. Les commissures (coins extérieurs des lèvres) sont aussi très sensibles.

LES SEINS

Les seins comportent trois zones de sensibilité différentes : le mamelon, l'aréole et le téton. Certaine aimeront pétrir fermement leurs seins, d'autres qu'on les leur effleure. Le téton entre en érection lorsqu'il est stimulé, même par le froid. Observez vous-même : caressez-le, pincez-le du bout des doigts, il se gonfle et double de volume. Idem pour l'aréole, la zone beige ou rosée qui entoure le mamelon comme une couronne. Sa peau est plus fine et plus sensible que celle du mamelon et vous donnera envie de caresser... le téton.

LE COU, LES OREILLES, LA TÊTE, LES CHEVEUX

Toutes les femmes ne sont pas réceptives à des caresses à ces endroits, mais sachez que ce sont tout de même des zones très sensibles qui pour certaines peuvent provoquer des orgasmes (de la même manière que sur les seins) !
Des mots murmurés dans le cou, des baisers et des morsures, les cheveux que l'on tire (attention, pas trop fort) sont très excitants et mettent en train. Toute seule, caressez vos cheveux et votre cou. Parlez-vous, dites

vous que vous êtes belle et que vous vous aimez. Pratiquez l'automassage du visage, du cuir chevelu et de la naissance des épaules, cette détente vous sera profitable pour la suite des opérations.

LES TYMPANS ET L'ODORAT

Les sons et les odeurs sont de puissants aphrodisiaques (ou des tue-l'amour c'est selon !). Une musique rythmée et suggestive peut très bien servir de support à votre masturbation. De même, respirer le slip ou le tee-shirt oublié de votre chéri peut vous faire rapidement grimper au septième ciel, pensez-y avant de vous épuiser sur la partie technique de cet ouvrage. Dans mon autre livre *Osez la chasse à l'homme,* je relate le cas d'une jeune femme journaliste partie en reportage dans une caserne de pompiers et qui manque de s'évanouir d'excitation à l'odeur de mâle qui flottait dans la chambrée que le capitaine lui faisait aimablement visiter.

> « *J'aime me masturber sur une chanson de David Bowie,* Let's dance, *tout ça parce qu'une amie m'a racontée la façon sauvage dont son copain l'a prise sur une table sur cette musique. J'imagine la scène en me passant le CD et je démarre. J'aime bien aussi la chanson de Gainsbourg,* Love on The Beat. *Sans commentaire !* »

LES FESSES

Se pétrir les fesses un moment est à la portée de tout le monde. Poser son cul nul sur une banquette de velours avant de s'occuper de son clito ne coûte rien. S'administrer une petite fessée, pour les plus masos d'entre nous, est sportif mais faisable (il faut juste un peu se tordre le bras). Toutes ces petites attentions que vous aurez pour votre postérieur vous aideront grandement à faire monter l'excitation, car celui-ci est particulièrement réceptif sexuellement.

LES ABORDS DU SEXE

Les grandes lèvres et les petites, appelées aussi « les nymphes » sont très sensibles à une caresse manuelle ou buccale. Les presser ou les pincer est agréable. On peut aussi les masser avec de l'huile ou avec ses propres sécrétions. Au passage, il faut savoir que des glandes se trouvant aux abords des lèvres sécrètent ce doux parfum de l'amour qui rend les hommes si fous...

LE SEXE

Le sexe est tout entier érogène, mais les points de relais du plaisir sont au nombre de trois : le premier est le clitoris, qui permet d'initier le plaisir, et c'est de lui dont il est surtout question tout au long de ce livre. Le point G est une zone située dans le tiers inférieur du vagin sur la face antérieure de celui-ci et le point A est situé au niveau du cul-de-sac postérieur du vagin, en arrière du col de l'utérus.

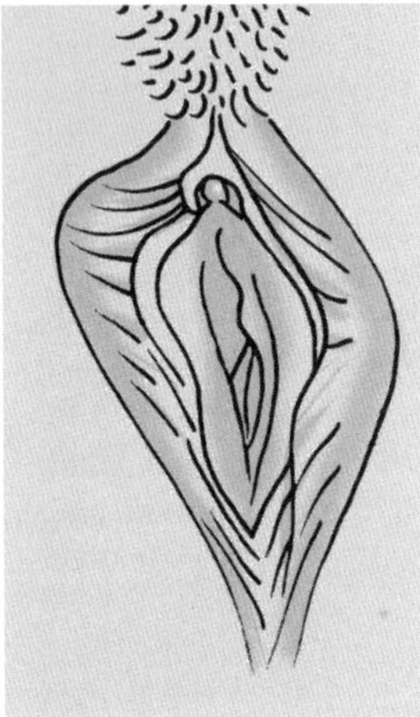

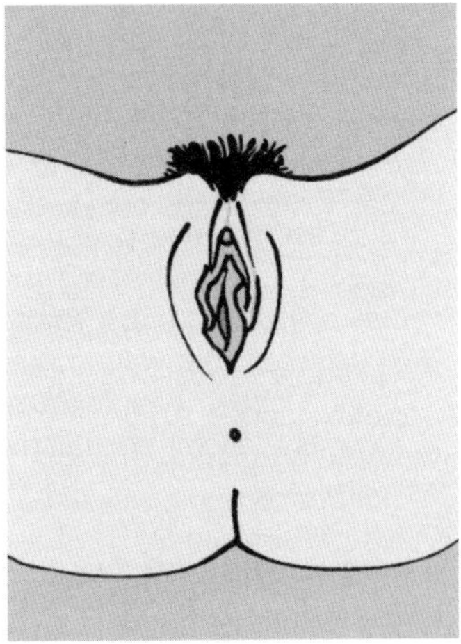

LE CLITORIS

C'est le roi de la fête car c'est par lui que tout commence. La preuve, lorsqu'on veut priver les femmes de plaisir, on les excise. Fort heureusement pour elles, cette amputation de surface ne les prive pas de la totalité des ramifications nerveuses qui circulent à l'intérieur du vagin. Beaucoup de femmes excisées réussissent à avoir des orgasmes, certes amoindris, mais elles y parviennent à condition que l'excision qu'elles ont subi n'ait pas été trop profonde [1].

1. Les excisions les plus graves se pratiquent par exemple en Éthiopie et consistent à enlever et à cureter la pointe du clitoris le plus profond possible puis à coudre les petites lèvres entre elles pour refermer l'orifice du vagin au maximum. Cette pratique est dénoncée par toutes les associations de défenses des droits humains.

En effet, le clitoris mesure 8 à 10 centimètres de long et de 3 à 6 centimètres de large. Et il ne ressemble ni à un petit pois, ni à un bouton, mais plutôt à une poire ou encore un petit arbre nanti de très profondes « racines ». Ses terminaisons nerveuses aboutissent dans le vagin ce qui fait qu'il sert à transmettre l'orgasme dans le vagin. Cet orgasme sera amplifié et relayé par la friction du pénis contre les parois et le fond du vagin.

Lorsqu'on l'observe, il se présente comme une petite langue de chair recouverte par le haut d'un capuchon. Ce capuchon lui fait comme un manteau qui descend de part et d'autre et devient, plus bas, les petites lèvres.

On dit que le clitoris est un pénis en miniature : c'est vrai. Dans la phase de formation sexuelle de l'embryon, les filles et les garçons sont pareils, les organes sexuels sont indifférenciés. Les chromosomes décideront de laisser se développer d'une façon plutôt que d'une autre les organes de reproduction. Ainsi le pénis originel devient clitoris si l'enfant est une fille, alors qu'il grandira pour devenir un pénis si c'est un garçon. Chez une femme, le bout du clitoris correspondrait au gland chez l'homme et le capuchon évoqué plus haut, au prépuce. Les petites lèvres sont le scrotum vidé des testicules qui sont devenus les ovaires.

Cependant, la vraie différence, on se tue à le dire, est psychologique. On ne stimule pas un clitoris comme un pénis et surtout ils ne fonctionnent pas de la même façon. Par exemple, une fois que le clitoris a « démarré », c'est-à-dire joui une fois, il peut jouir immédiatement une, deux, voire trois autres fois...

Les femmes et les hommes sont radicalement différents, la femme est plus « intérieure » dans son plaisir, même si elle peut parvenir au plaisir aussi vite que l'homme elle est plus endurante, peut jouir plus longtemps et vibre dans tout son corps. L'homme est plus « sexe », *stricto sensu*.

Comment le stimuler ?

Il « répond » très vite – à moins d'un blocage psychologique grave – dès qu'on le touche directement avec le doigt ou la main ou indirectement, en le frottant contre un objet (coussin, accoudoir de fauteuil ou encore en serrant les cuisses l'une contre l'autre). Toute la zone clitoridienne est richement innervée c'est pourquoi il est rare de ne rien ressentir... mais cela peut arriver bien souvent pour des raisons autres que physiologiques. Même les amants maladroits qui « frottent à coté » peuvent vous exciter quand même – sans toutefois vous mener à l'orgasme – en stimulant malgré tout la zone.
De même pendant le rapport, le clitoris est indirectement stimulé par les va-et-vient du bas-ventre de l'homme qui frottent les grandes et les petites lèvres et tirent sur la hampe (le capuchon) du clitoris. En cela, la position ventre à ventre durant le rapport est beaucoup plus excitante pour la femme. Sauf pour celles qui préfèrent se stimuler elles-mêmes avec le doigt et peuvent donc envisager toutes les positions.

LE POINT G, LE TIERS INFÉRIEUR DU VAGIN

Remarquablement décrit dans le livre d'Ovidie *Osez découvrir le point G* [1], il correspond aux terminaisons nerveuses du clitoris dans l'épaisseur de la face antérieure du vagin, c'est par ce chemin que le plaisir clitoridien vient irradier dans le vagin et fait « monter le plaisir » plus haut encore.

Comment le stimuler ?

Trouvez-le d'abord. C'est assez facile, **il vous suffit d'introduire un ou deux doigts dans votre vagin, la pulpe des doigts est tournée vers vous.**

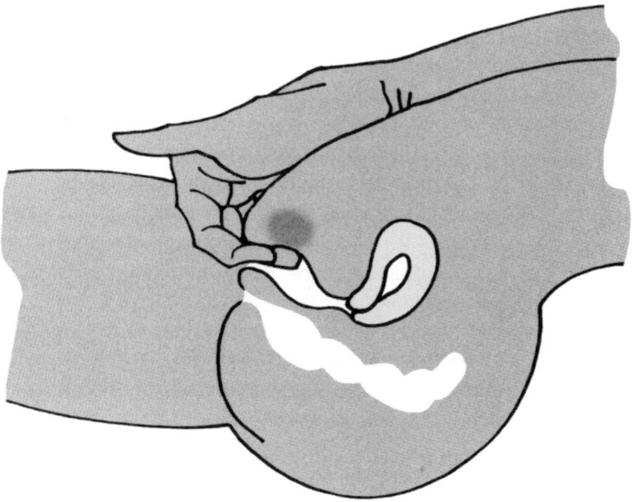

1. *Osez découvrir le point G*, Ovidie, *op.cit.*

Enfoncez-les jusqu'au milieu de la seconde phalange ou à peine plus. Vous aller sentir une petite boule, de la consistance d'une petite éponge de chair, sur la face du vagin qui se trouve vers vous (face antérieure).

Pressez très doucement dessus, vous n'avez pas besoin de beaucoup appuyer, ni de frotter fort ou vite (l'erreur que commettent la plupart des hommes) car cette zone est très sensible. Vous êtes déjà dans les profondeurs de votre être, la femme profonde est lente, soyez lente et douce avec vous-même.

Aussitôt, vous allez sentir que les parois de votre vagin se gonflent et éprouver beaucoup d'excitation à l'endroit que vous caressez, vous allez vous mettre à « mouiller » abondamment. Cette phase s'intitule « l'engorgement »[1], phase lors de laquelle le vagin devient accueillant pour l'heureux pénis qui passerait par là.

Le plaisir commence à se diffuser dans tout le vagin, vous pouvez avoir l'impression d'une balle qui gonfle à l'intérieur de vous et remonte vers le haut. Ce n'est pas qu'une impression. Le vagin sous l'effet de l'excitation s'épaissit et s'allonge et le col de l'utérus « pointe son nez » vers l'avant. Si vous continuez doucement à « bercer » ce point avec vos doigts, le plaisir viendra très rapidement. Il est moins fulgurant que celui obtenu de l'extérieur par le clitoris, mais il est plus profond, est a le mérite d'irradier dans tout le vagin. Beaucoup de femmes stimulent en même temps leur clitoris, avec la paume de la même main ou avec l'autre main. Certaines stimulent cette zone avec un gode, vibrant ou pas...

1. Cette phase et cette stimulation sont aussi très bien décrites, de façon didactique et à l'intention des hommes sur le site http://etmoi.free.fr, site consacré aux éjaculateurs précoces mais qui a le mérite de donner aussi les clefs du plaisir féminin.

LE POINT A, LE COL DE L'UTÉRUS

C'est un endroit appelé « cul-de-sac postérieur » qui se situe en arrière du col de l'utérus, tout au fond du vagin.

Il est découvert par les femmes qui se connaissent bien et ont eu de nombreux rapports et de nombreux amants, c'est le bout du chemin du plaisir féminin en quelque sorte.

C'est le pénis ou un gode qui font découvrir cette sensation, mais elle ne surviendrait jamais si le clitoris, relayé par son jumeau, le point G, n'avaient « fait leur boulot » auparavant.

Lors d'un orgasme dit « vaginal » complet (on se rend compte ici que ce prétendu orgasme vaginal n'est qu'un orgasme clitoridien qui est monté à l'intérieur et s'est transformé), le plaisir, initié par le clitoris, passe par le point G et, relayé par les stimulations péniennes – ou du gode – dans le fond du vagin, s'épanouit en éventail dans le bas-ventre, communiquant les vibrations du plaisir dans l'utérus tout entier.

Comment le stimuler ?

Cette fois plus question de léchages, gratouilles et autres frictions. Il faut de sacrés coups de boutoir ou des vibrations fortes, en tout cas une poussée solide, pour ressentir quelque chose là au fond. Certaines voudront que cela aillent vite, d'autres préfèreront des mouvements lents.

Avec un gode d'une bonne longueur et d'une certaine épaisseur, vous pouvez parvenir à des sensations très fortes. Soit vous le laissez vibrer en vous en le bougeant un tout petit peu, soit vous l'agitez vigoureusement en poussant sur le cul-de-sac postérieur à la manière d'un homme.

« J'ai ressenti du plaisir dans mon ventre pour la première fois assez tard dans ma vie de femme, après 35 ans. C'était avec un amant et pas avec mon mari. La première fois, j'en ai pleuré tellement c'était bouleversant. C'est un plaisir plus diffus, intérieur, très puissant parce que s'étendant à tout le corps, ce n'est pas le même plaisir que quand je me masturbe le clitoris. Ce plaisir-là est fulgurant, très vif, mais plus extérieur. L'orgasme vaginal est bouleversant émotionnellement, c'est pourquoi je pense que, même si on peut jouir avec un gode de cette façon, ça n'a absolument pas la même force ni la même intensité qu'avec un homme, même un homme de passage. »

4. les techniques de masturbation féminine

Les femmes aiment se donner du plaisir. Le rapport de la célèbre sexologue américaine Shere Hite, qui, dans les années 1970, a effectué une enquête auprès des femmes sur tout le territoire des États-Unis, l'a montré. Les résultats et témoignages extraits du *Rapport Hite* tordent le cou aux scènes pornographiques et aux idées reçues des mâles sûrs de leur savoir-faire : non ! Toutes les femmes ne jouissent pas en titillant leur clitoris du bout de leurs doigts manucurés et avec un air lascif. En effet, **il existe pas moins de 6 façons de se masturber.** De plus, la plupart des femmes n'utilisent pas de gode et si elles le font, c'est après s'être stimulé le clitoris. Sans être une vérité établie – comme tout travail de recherche en matière de sexualité –, le rapport Hite a le mérite d'apporter des précisions importantes et d'ouvrir des perspectives jamais imaginées jusque-là dans ce domaine.

Toutes ces techniques sont issues d'habitudes acquises bien souvent dès l'enfance et c'est toujours sur ce même chemin que la femme s'engage pour arriver à son plaisir, depuis des années. C'est pourquoi **il est parfaitement stupide de considérer qu'une manière de se masturber est plus noble ou plus normale ou encore plus esthétique qu'une autre** ; les hommes (surtout les mauvais amants) ayant tendance à vouloir reproduire ce qu'ils visionnent dans les films pornos, obligent trop souvent leur partenaire à – par exemple – ouvrir les cuisses ou se caresser directement le clitoris alors que peut-être celle-ci ne procède pas du tout comme cela et n'ose le lui dire (voir à ce propos les chapitres 8 et 3).

Voici donc mesdames et mesdemoiselles de quoi clouer le bec d'un ayatollah du plumard qui vous imposerait une certaine façon de faire qui ne serait pas la vôtre. Voici aussi de quoi vous situer dans la galerie des délicieuses branleuses que nous sommes.

Le** Rapport Hite **en quelques chiffres :
6 façons de se masturber

Des 3 000 femmes ayant répondu, anonymement, à ce questionnaire qui faisait le tour de la sexualité féminine (orgasme, coït, clitoris, masturbation...), 82 % déclaraient qu'elles se masturbaient, et, parmi elles, 95 % parvenaient sans peine à l'orgasme chaque fois qu'elles le voulaient. Ce qui, d'après la sexologue, contredisait l'idée couramment admise que les femmes sont « lentes à démarrer », et qu'elles ont du mal à parvenir à l'orgasme. Pratiquement, l'enquête a permis de distinguer six types de masturbation (avec quelques variantes).

1 - Dans la très grande majorité des cas (73 %), la femme excite manuellement la région clitoridienne et/ou vulvaire en étant couchée sur le dos.
2 - La femme peut aussi se coucher sur le ventre (5,5 %).
3 - Certaines femmes se frottent à un objet doux (4 %).
4 - D'autres serrent leurs cuisses en cadence, de façon répétée (3 %).
5 - Elles peuvent aussi masser leur région génitale avec de l'eau (2 %).
6 - Peu de femmes effectuent systématiquement une pénétration vaginale (1, 5 %) et plus de la moitié commencent par stimuler manuellement leur clitoris.

SUR LE DOS

La technique : c'est une caresse directe plus ou moins appuyée avec le bout des doigts. La femme qui pratique cette méthode jouit par friction ou par pression. Néanmoins, c'est la méthode lors de laquelle le clitoris est le plus directement sollicité et c'est celle qui ressemble le plus à la masturbation masculine puisqu'elle en a le même rythme. C'est pourquoi ces messieurs se

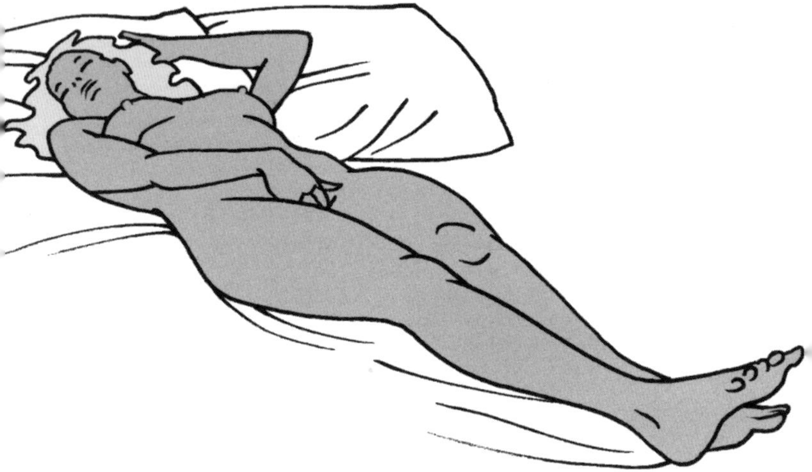

plaisent à penser que c'est la seule et unique façon de faire : toujours cet éternel ethnocentrisme masculin !
Avec cette méthode, la stimulation ne doit pas cesser jusqu'à obtention de l'orgasme et la même vitesse et pression doivent être conservées voire accentuées jusqu'à l'acmé.
On peut branler le clitoris de haut en bas ou latéralement ou encore tourner en frottant. Il est bon de mouiller l'endroit soit avec ses propres sécrétions, soit avec de la salive, soit encore avec du gel ou de l'huile pour faciliter le coulissement des doigts, encore que certaines – surtout celles qui appuient – pourront préférer une adhérence du doigt au capuchon. C'est la pulpe du doigt, si douce, qui a la préférence, mais il peut

arriver que de dures et osseuses phalanges repliées contre le pubis puissent provoquer de grands émois.

Les variantes : les variantes résident dans la position des jambes (écartées ou pas, relevées ou pas), mais aussi et surtout dans la vitesse et la force de la pression. Certaines aiment les valses lentes, d'autres le rock'n'roll, d'autres encore sont des affolées de l'acid jazz. Que les fans de Coltrane retroussent leurs manches !
Il existe des femmes-orchestres qui se caressent en même temps les seins ou s'activent à l'intérieur de leur vagin avec ou sans gode. Sont-elles aussi polyvalentes au bureau ? La question reste posée.

Avantages et inconvénients : peu d'inconvénients, aucun en fait. C'est une méthode discrète et tout terrain, qui se pratique aussi facilement pendant la sieste à côté de tante Ursule qui ronfle, qu'auprès du mâle indélicat qui se retourne contre le mur sans s'être suffisamment occupé de vous. Ne nécessite aucun accessoire a priori, donc vous pouvez oublier votre coussin, doudou ou nounours branleur : si vous êtes en pagne sous les tropiques vous pouvez aussi le faire, tout comme en camping alors qu'on vous croit en train de piquer un roupillon sous la tente. Cette méthode est aussi de tout repos : la seule fatigue est pour le doigt et le bras ; mais taper à la machine ou travailler sur la chaîne d'embouteillage de l'entreprise « Les temps modernes » ne l'est pas moins, et sans orgasme...

Témoignages extraits du **Rapport Hite** ***:***

« Je m'excite toujours de la même façon : mon doigt caresse mon clitoris et parfois j'enfonce en même temps un autre doigt dans mon vagin. Je ne caresse que ma zone génitale. » « Je me masturbe en massant latéralement mon clitoris, doucement d'abord, puis en augmentant l'intensité de la pression. Je me sers de l'index (une seule main). » « Mes doigts caressent mon clitoris et, de ma main libre, je gratte, tire, pince le bout de mes seins. Je me caresse alternativement de haut en bas et en rond. Mes jambes sont tantôt jointes, tantôt écartées. Je trouve particulièrement excitant d'immobiliser ma main et de continuer la friction en remuant mon sexe contre mon doigt. »

SUR LE VENTRE

La technique : la même que ci-dessus, les caresses du clitoris sont plus ou moins directes. Elles s'enrichissent de la pression du poids du corps à plat ventre. La main est bien calée entre le corps et le lit. Seuls les doigts s'activent et de la même façon que dans la méthode « sur le dos » : tantôt latéralement, tantôt de haut en bas, tantôt en cercle.

Les variantes : peu nombreuses, elles concernent surtout la vitesse ou la pression exercée sur le clitoris, un peu comme pour la méthode sur le dos. Se masturber sur le ventre est néanmoins une position très introvertie et ce sont les fantasmes qui l'alimentent le plus en excitation.

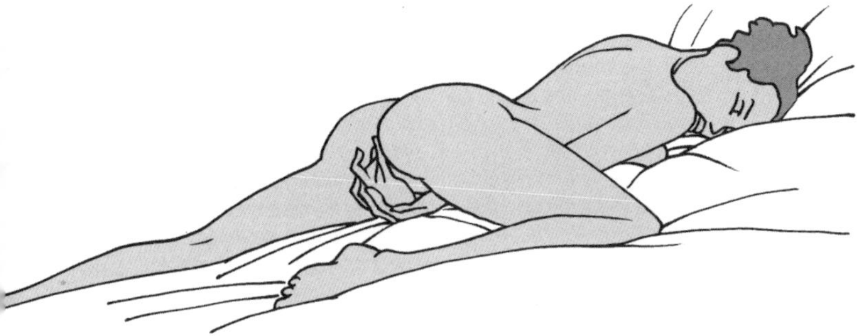

Avantages et inconvénients : le fait d'être sur le ventre met les parties du corps les plus érogènes (ventre, seins, visage) en contact étroit avec le tissu de l'endroit où l'on est couchée et permet une caresse généralisée de tous ces endroits. Couchée sur le ventre, c'est un peu comme si la femme simulait qu'un homme la prend dans ses bras. Le léger branle donné par tous les doigts se transmet à l'ensemble du corps de par la position, ce qui ajoute à l'excitation : en étant seule on a tout de même l'impression d'être à deux. Psychologiquement, on recrée un espace d'intimité en ayant le visage contre l'oreiller ou le mur, on s'abrite du monde extérieur, on est entre soi et soi. Il y a aussi un côté sadomasochiste dans cette position, sur le ventre, on ne voit pas un « ennemi » éventuel arriver (par-derrière bien sûr), on est perdue dans son plaisir et en même temps à la merci de toute agression ou assaut extérieur.

Témoignages extraits du* Rapport Hite *:

> *« Je suis couchée sur le ventre, les jambes légèrement écartées et je me sers des deux mains, la droite appuyée sur le clitoris, la gauche serrée contre elle pour augmenter la pression. En remuant le bassin de haut en bas, modérément vite, j'obtiens la friction que je désire sur la région de mon clitoris. » « Je me masturbe sur le ventre, les jambes jointes en pressant mon clitoris avec l'index et le médius des deux mains, l'une sur l'autre. Parfois je me caresse les seins ou les fesses d'une main, ou je glisse mes doigts dans mon vagin. » « Je débute par une caresse circulaire du clitoris et de temps en temps je frotte de haut en bas, le clitoris serré entre deux doigts. De la main droite je vérifie que mon vagin est bien mouillé et je me livre à un fantasme. Je continue de stimuler mon clitoris et je glisse deux doigts dans mon vagin. » « Je maintiens sous moi le vibromasseur, plus ou moins fermement, en remuant mon corps sur lui. »*

Stimulation directe et indirecte

Dans toutes les méthodes lors desquelles le clitoris est manuellement et directement sollicité, c'est-à-dire sur le dos ou sur le ventre, il est bon de noter que, d'une femme à l'autre, ou même d'un instant à l'autre, le clitoris peut être excité plus ou moins directement par la main.

Il peut être titillé sur la pointe de son gland, par la pulpe du doigt. L'excitation est directe, l'orgasme aigu et très localisé est court.

Mais certaines procèdent aussi indirectement à l'aide de deux doigts (index et majeur) qui frottent surtout sa hampe et transmettent ainsi l'excitation. Pour mieux comprendre, il faut vous imaginer le clitoris comme un

petit pois ou un petit doigt (suivant sa taille), qui serait emmitouflé dans un manteau, sa hampe.
En tirant sur la hampe – comme les hommes tirent sur celle de leur sexe –, on décalotte le clitoris et c'est ce simple « décalottage » qui fait l'excitation puis l'orgasme.
Les femmes qui massent la région vulvaire (généralement de bas en haut) procèdent ainsi en utilisant les petites lèvres pour transmettre le mouvement de décalottage du clitoris.
Dans les méthodes de stimulation indirecte (toutes les autres méthodes sauf celle avec de l'eau), ce sont les grandes lèvres assorties des mouvements du bassin qui favorisent le décalottage du clitoris.
C'est pourquoi certaines femmes ne supportent pas de stimulation du gland du clitoris parce que celui-ci est si sensible que cette stimulation directe leur fait presque mal. Elles préfèreront une stimulation par « décalottage ».

AVEC UN OBJET DOUX

La technique : il s'agit d'opérer une pression sur les abords du clitoris et d'en tirer la hampe vers le haut à l'aide d'un objet doux. C'est une caresse indirecte, car faite sans les doigts. L'excitation-même consiste en cette caresse indirecte et est aussi largement provoquée par le contact avec l'objet utilisé. Le plus souvent l'objet de prédilection est un drap en boule, un bout de couette (affaire de proximité), un oreiller, un traversin mais chez les petites filles cela peut-être un ours, un coussin, le fond de sa propre culotte.

Les variantes : consistent en l'adoption d'autres objets que ceux précédemment cités. Tous les rebords de tous types de meubles sont bons à prendre (bords et pieds de chaises, lavabo, baignoire, rampe d'escalier). Les sportives connaissent les délices du cheval d'arçon et de son cuir animal, des barres parallèles (attention, une à la fois !), de la rugueuse corde à grimper combinée avec la douceur du short de sport, du mât de cocagne, préfiguration du pénis tant convoité (enfin, à ce que dit la légende). Quant à l'équitation, c'est le sport par excellence qu'il convient de pratiquer pour ce genre de technique.
Les variantes s'exerceront également dans la vitesse combinée au degré de pression ainsi que dans l'amplitude du mouvement donné à la main et à l'objet ou aux hanches pour stimuler le clitoris. Certaines femmes éprouveront le besoin d'appuyer très fort, d'autres tomberont à la renverse au moindre effleurement.

Avantages : les mains sont libres et peuvent s'occuper partout ailleurs si l'esprit peut se déconcentrer un peu. Le résultat est infaillible car cette façon de se masturber est une petite variante du fétichisme : à partir du moment où l'on a le bon objet, on est sûre de s'envoyer au septième ciel ! La volupté – au dire des pratiquantes – est très puissante avec cette méthode.

Inconvénients : en couple, cette technique fait un peu « cavalier seul », l'homme peut se sentir exclu de vous voir prendre votre pied avec son oreiller... Rendez-vous au chapitre 8 pour mieux gérer les choses.

Témoignages extraits du Rapport Hite *:*

« Je fais avec le drap une petite boule à peu près de la taille d'un poing (je me servais de la tête de mon pauvre ours en peluche, mais depuis que j'ai passé l'âge de dormir avec un ours, je me contente d'une poignée de drap). Je me couche sur le lit, la boule appuyée sur mon clitoris. Puis je remue les hanches avec un mouvement circulaire jusqu'à ce que je jouisse. » « Je ne me masturbe pas vraiment, je me frotte à peine contre le drap, pas plus... » « Je me masturbe d'habitude sur le coin d'une chaise, je me frotte, les jambes serrées. J'ai découvert cette méthode par hasard quand j'avais 4 ans. » « Je me frotte lentement contre mon lavabo, en appuyant très fort mon pubis, la fraîcheur de la céramique m'excite beaucoup ». « J'empile deux oreillers bien moelleux sur une chaise et je m'installe à califourchon sur ce monticule très doux. Je me frotte le clito en basculant mon bassin d'avant en arrière. Cela me procure une jouissance extrême et pour accentuer cette sensation, j'attrape un troisième oreiller que je cale entre le dossier de la chaise et ma poitrine bien gonflée. »

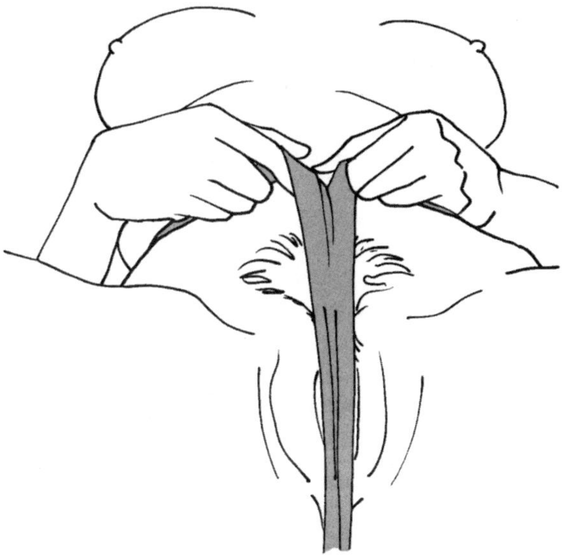

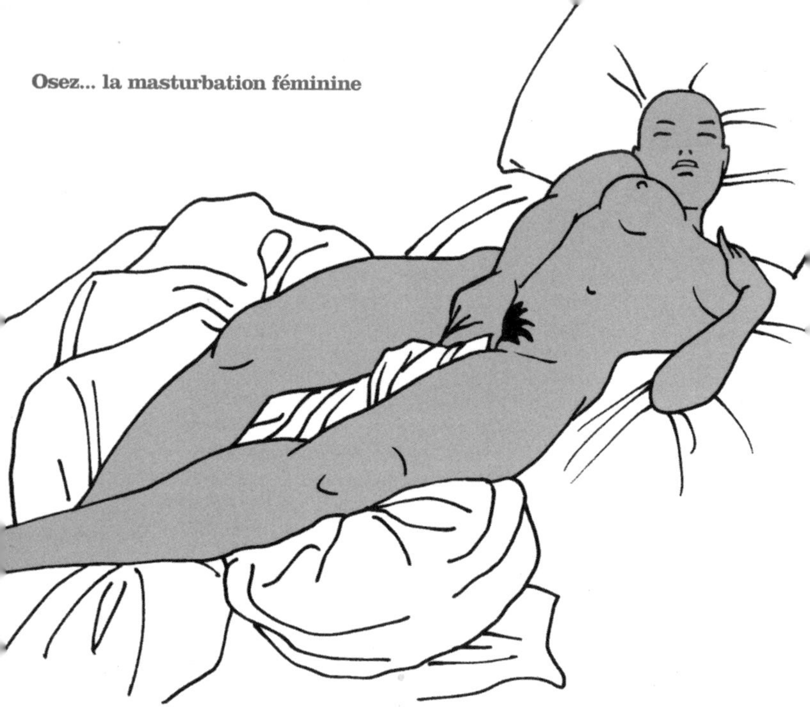

EN SERRANT LES CUISSES

La technique : les mains cette fois ne servent à rien (enfin pas à ça, on peut les utiliser à d'autres caresses), ce sont les adducteurs (les muscles de la face interne des cuisses) qui travaillent. Le mécanisme est le suivant : les adducteurs viennent presser les grandes lèvres qui à leur tour viennent s'appuyer contre le gland et la hampe du clitoris.
Cette méthode a pour nom également le « sciage », ce qui n'est pas très évocateur du mouvement étant

donné qu'un mouvement de sciage se fait d'avant en arrière, alors que cette méthode est une méthode de pression bilatérale. Mais bon, ne contrarions pas le corps médical.

Les variantes : certaines femmes apprécient de combiner cette méthode avec celle utilisant un objet doux, elles peuvent ainsi se frotter à un coussin par exemple, tout en serrant vigoureusement les cuisses autour. Du reste, dans l'acte sexuel avec un homme, serrer les cuisses autour de ses hanches participe de cette façon de faire. Le bas du ventre de l'homme faisant office cette fois « d'objet doux ». La vitesse peut également jouer sur l'intensité du plaisir : en règle générale, plus le plaisir approche, plus la vitesse s'accroît pour maintenir

le maximum de pression sur la région clitoridienne. Certaines femmes contractent aussi leurs fesses et leur périnée pour transmettre le plaisir jusqu'à l'intérieur du vagin et jusqu'à l'anus. Le plaisir obtenu ainsi se rapproche de celui ressenti pendant la pénétration.

Avantages : on peut se masturber tout habillée, voire emmitouflée, au vu et au su de tous quand on arrive à être discrète. Dans l'autobus ou en voiture, on jouit en voyageant et les à-coups des démarrages et arrêts ne peuvent qu'aider au mouvement. Essayez, c'est délicieux ! Il y a donc une dimension exhibitionniste possible dans cette façon de faire. On peut aussi se la jouer provoc' en se masturbant en réunion, sous le nez de ce collègue auquel on se refuse, comme une garce, depuis plusieurs mois. Quelle jouissance !
C'est aussi ce type d'orgasme que l'on peut obtenir, à son insu, en dormant. Cela se produit lorsqu'on fait des rêves érotiques et que les muscles des cuisses accompagnent ces rêves dans le sommeil, on est généralement réveillée par un orgasme qui tombe du ciel.
Le plaisir obtenu peut être très puissant, surtout pour celles qui contractent les fesses et le périnée. C'est l'orgasme le plus proche de celui ressenti pendant la pénétration avec un homme.

Inconvénients : il faut être en forme. Cette méthode est la plus fatigante, elle mobilise les muscles des jambes qui sont puissants et très consommateurs d'énergie. Elle nécessite aussi une bonne dose de concentration.

Témoignages extraits du Rapport Hite *:*

« Je suis assise sur un fauteuil ou dans mon lit, et je me sers des muscles de la partie interne de mes cuisses. Je me concentre avec toute mon énergie sur la région de mon sexe. » « Je frotte mes cuisses l'une contre l'autre, en général couchée, mais je le fais aussi en étant assise (au bureau, dans l'autobus, etc.). Le frottement exerce une pression délicate sur le clitoris. »

AVEC DE L'EAU

La technique : c'est une technique de stimulation directe du gland du clitoris, mais avec un « objet » extérieur, l'eau. L'intérêt de l'eau est son mouvement per-

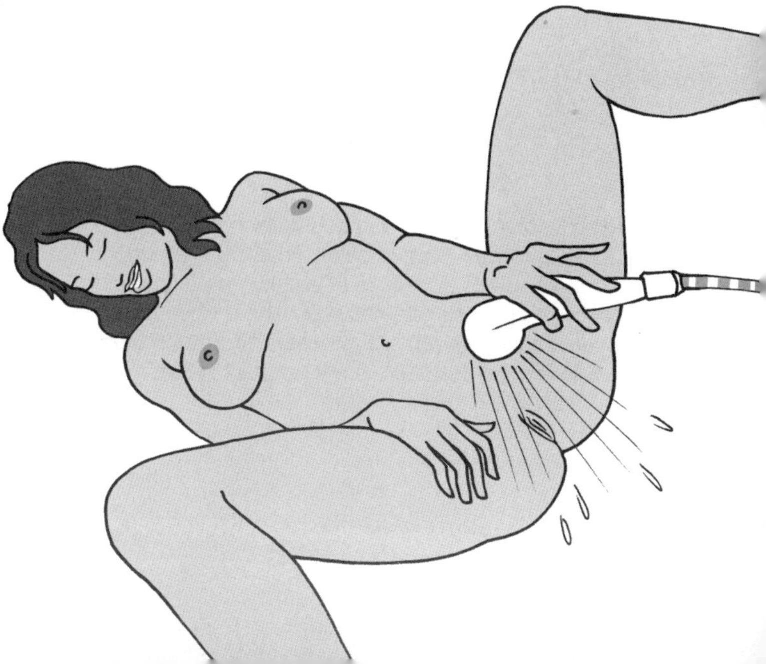

pétuel et vibratoire qui peut se comparer à celui d'un gode vibrant. L'eau est d'un contact agréable et très délicat, sa pression reproduit la pression des doigts ou de la main, mais en plus doux encore.

Les variantes : on peut doser très précisément la puissance du débit qui donne la pression de l'eau à l'aide du robinet. (Cela donne quelques pistes de méditation psychanalytiques pour celles qui, par cette méthode, ont enfin le contrôle sur le « robinet » pour obtenir leur plaisir.)
On peut aussi agir sur la chaleur ou la froideur de l'eau. Celles qui aiment poser un glaçon sur leur clitoris en savent quelque chose.

Avantages : c'est propre, c'est sûr. C'est utile, puisqu'en même temps on se lave. C'est discret puisque on est enfermée dans la salle de bain ; personne ne peut se douter, en entendant couler l'eau du robinet, que vous êtes en train de vous livrer à vos petites folies. Le geste est précis, efficace, sans risque d'échec (pas besoin d'être en forme comme dans la méthode qui consiste à serrer les cuisses).

Inconvénients : sans eau courante, ou sans pression dans les tuyaux, c'est la cata ! Branleuses aquatiques, fuyez les squats insalubres et les bidonvilles de la jouissance. Votre seule alternative devenant alors la poire à lavement laborieusement remplie à l'abreuvoir municipal. Pour plus de sûreté, épousez un plombier.

Témoignages extraits du Rapport Hite *:*

> *« Je dirige le jet de la douche vers mon clitoris, les jambes très écartées. » « Je suis couchée dans la baignoire et l'eau du robinet tombe sur mon pubis, mon clitoris et mon vagin. Plus l'eau est chaude, plus la pression est forte, et plus je jouis vite. » « Je dévisse la pomme de la douche pour que le jet sorte tout droit du tuyau. J'écarte mes petites lèvres pour exposer mon clitoris. »*

LA PÉNÉTRATION VAGINALE ET LA STIMULATION CLITORIDIENNE

La technique : elle consiste à stimuler simultanément le clitoris et l'intérieur du vagin, dans la région du point G ou plus haut vers le col de l'utérus. C'est une technique qui équivaut à la masturbation clitoridienne sauf que la stimulation passe par l'intérieur. On l'a vu dans le chapitre précédent, le clitoris finit, par ses ramifications nerveuses, dans le tiers inférieur du vagin. Se stimuler par ce côté revient exactement au même que s'il l'on passe par le divin capuchon. En revanche les sensations se rapprochent de l'orgasme par pénétration. Pour celles qui utilisent un gode et se masturbent autour du col, il s'agit de pures « vaginales » qui n'ont pas ou plus vraiment besoin d'utiliser seulement leur clitoris pour avoir un orgasme. D'après Shere Hite, c'est impossible ; moi, je dis que non. C'est possible. On appelle cet orgasme l'orgasme cervico-utérin.
On fait aller et venir les doigts ou l'objet dans le vagin comme si c'était un pénis. Mais les doigts ont une

mobilité et une précision que le pénis le plus athlétique ne possède pas et dont il serait dommage de se priver. Les godes peuvent être de tailles gigantesques, ce dont les hasards des sites ou clubs de rencontres ne nous gratifient pas toujours.
On peut donc bouger l'objet ou les doigts à l'intérieur, mais certaines aiment se sentir seulement remplies et gardent l'objet immobile en elles tout en fantasmant ou en se masturbant le clitoris.

Les variantes : il y en a autant que de tailles et de formes d'olisbos, que de nombre de doigts introduits et de légumes cylindriques au jardin. Les objets les plus divers peuvent aussi servir : manche de brosse à cheveux, petite bombe de laque, téléphone portable mis sur vibreur, goulot de bouteille, matraque (pour les fonctionnaires du ministère de l'Intérieur – quel joli nom !), saucisson. Les matériaux dont sont faits les objets comptent beaucoup également : la préférence de bien des dames va aux matières plastiques, si douces et vaguement fétichistes. Un doigtier en latex enfilé sur un ou plusieurs doigts aura l'avantage de simuler un examen vaginal chez le gynécologue et peut être pour certaines hautement excitant. Le bois ou la pierre, un peu durs, peuvent aussi être appréciés : les tantrikas [1] utilisent un œuf de pierre pour exercer leurs muscles vaginaux comme pour prendre leur plaisir.

1. Tantrika : adepte du tantrisme qui est l'art de l'extase sexuelle. Les tantrikas préconisent – entre autres nombreuses choses utiles et savoureuses – la masturbation pour connaître, déjà pour soi, l'extase sexuelle et mieux connaître son partenaire. Le tantra date de 5 000 ans avant J.-C. Ils avaient déjà tout compris !

Poire à lavement

> *« Je me masturbe à l'aide d'une poire à lavement vaginale. C'est l'eau qui jaillit sur mon col de l'utérus qui me fait jouir en même temps que je me caresse le clitoris et que je frotte la canule de la poire contre les parois de mon vagin. J'ai ainsi un orgasme complet de l'extérieur, autour de la vulve jusque vers l'intérieur au fond du ventre. Je pense que l'eau de la poire me fait le même effet que lorsque l'homme éjacule dans mon ventre, j'adore ça. »* Nadine, 46 ans.

Avantages : plaisir très proche de la pénétration, voire similaire, l'homme en moins... très excitant à mettre en œuvre et générateur de nombreux fantasmes. Les objets utilisés pouvant être le prétexte à de nombreuses mises en scène.

Inconvénients : nécessite du matériel, un budget, de la place pour tout ranger, bref de la logistique et de la maintenance (que celles qui ne se sont jamais ruinées en piles lèvent la jambe). Peut être dangereux suivant l'objet utilisé : les médecins urgentistes ont toujours une bonne histoire d'objet resté coincé dans une dame à raconter lors de leurs gardes nocturnes.
Si vous faites la soupe du soir après une folle après-midi potagère, un conseil : rincez soigneusement les légumes.

Témoignages extraits du Rapport Hite *:*

> *« Je pose un doigt sur mon clitoris et de l'autre main je fais aller et venir le goulot d'une bouteille en plastique dans mon*

vagin. » « Mon mari remue un godemiché dans mon vagin pendant que j'appuie un vibromasseur sur mon clitoris. » « Le plus souvent je remue les doigts dans mon vagin, de temps en temps je les laisse immobiles, toujours enfoncés. » Enfin, 11 % des femmes ayant répondu au questionnaire combinent plusieurs de ces techniques pour aboutir à l'orgasme : *« Je me masturbe de bien des façons. Sur le dos dans la baignoire, sur mon lit, sur un divan, sur le plancher et tout y passe... mes seins, mon ventre, mes cuisses, mes fesses, mon vagin et mon clitoris. J'adore rouler mon clitoris entre le pouce et l'index, un doigt dans le vagin et jouer avec mes seins et avec mes mamelons, que je trouve très beaux. En m'aimant ainsi je laisse vagabonder mon imagination. J'aime aussi varier mes caresses avec un vibromasseur. »*

Mais surtout, qu'est-ce que ça fait ?

L'orgasme produit par la masturbation ressemble beaucoup, aux dires de divers témoignages, à l'orgasme masculin : **il est bref, fulgurant, immanquable, efficace et souvent fatigant.** L'orgasme obtenu lors d'un rapport est plus subtil, en fonction de la qualité de l'entente des partenaires. C'est pourquoi on peut jouir toute la nuit dans les bras d'un homme, mais on ne peut pas se masturber toute la nuit...

L'orgasme obtenu par friction ou pression du clitoris est vif et fugace, mais les femmes, contrairement aux hommes, peuvent recommencer plusieurs fois presque

tout de suite, « dans la foulée ». C'est-à-dire que le clitoris réclame une stimulation parfois longue et toujours soutenue mais, une fois le premier orgasme obtenu, il peut jouir de nouveau de façon parfois encore plus puissante. Il n'existe pas de record en la matière, mais certaines femmes parlent de quatre ou cinq orgasmes enchaînés lors d'une même séance de masturbation. Qui dit mieux ?
L'orgasme généré par la stimulation du point G, tout comme celui né de l'ébranlement de la cavité cervico-utérine par un objet, est plus diffus, plus subtil, mais extrêmement puissant car « intérieur » ; c'est le même type d'orgasme que celui obtenu avec un sexe d'homme puisque la « mécanique » est la même : friction interne, ébranlement, dissension et réplétion du vagin. Lors d'une stimulation du point G, le tiers inférieur du vagin diffuse le plaisir plus haut encore et sur l'ensemble des parois et pour peu que le fond du ventre soit sensible et qu'on le stimule, c'est alors tout le pelvis qui s'embrase, et bat comme un cœur, irrigué de sang. L'orgasme obtenu par celles qui serrent leurs cuisses sur un objet ou se frottent à un coussin ou à un siège en comprimant fortement la vulve est d'une puissance comparable à celle obtenue par pénétration car le plaisir s'engouffre à l'intérieur du vagin grâce à la sensation de réplétion causée par la compression des cuisses, de la main plaquée ou d'un objet volumineux.
Quand un orgasme arrive, on peut ressentir du plaisir jusque dans les membres et le visage, tout le corps peut être impliqué et les manuels décrivent à tort des sensations qui se limitent aux seuls organes génitaux. Les cris et gémissements ne sont pas rares, tout comme avec un homme et il est même recommandé d'accompagner le branle de la voix pour faire venir plus vite la sensation.

« Je me suis organisé des séances de masturbation magnifiques grâce à mes voisins qui faisaient l'amour très bruyamment. Je m'arrangeais pour jouir en même temps que la fille, et quand elle tardait à venir, je ralentissais pur l'attendre ; quand lui "venait", je recommençais pour doubler mon plaisir, c'était très excitant, comme si j'étais avec eux dans la chambre. Souvent je leur parlais à voix basse tout en me masturbant, je leur disais : "allez viens", ou "vas-y fais la jouir". Ils n'en ont jamais rien su, mais leurs ébats ont servi de support toute une année à mes petits amusements solitaires. »

Que penser des godes [1]?

Nous vivons dans une civilisation de l'objet et de la consommation, d'où le boom des godes depuis quelques dizaines d'années. Comme toute pratique sexuelle, il a d'abord été présenté comme un objet honteux ou médical destiné aux frigides, peine-à-jouir diverses et esseulées enragées de l'orgasme. Aujourd'hui, c'est le comble du chic : de ridicules petits canards et de pauvres lapins fluo inondent le marché, transformant les femmes en lolitas immatures, vicelardes et acharnées. Vous l'avez compris, **le gode, pour ce qu'il affiche d'industriel, de formaté et de**

1. Voir à ce propos le *Osez les sextoys* d'Ovidie (La Musardine, 2008), qui elle, en est fervente partisane.

mécanique, n'est pas ma tasse de thé. Pour autant, comme dirait mon boss : « Si vous n'aimez pas ça, n'en dégoûtez pas les autres. »

Étymologie du mot « gode »

« Gode » est l'abréviation, depuis 1930, du mot « godemiché » (on l'écrit aussi *gode-miché*, *godemichet*). Ce nom masculin vient du latin « gaude mihi », de « gaudere », « jouir » et « mihi », « moi-même ». Nous sommes au cœur du sujet.

On trouve le mot pour la première fois au XVIe siècle dans un sonnet de Ronsard. La définition actuelle est : « Phallus artificiel destiné au plaisir. » L'anglicisation galopante de notre belle langue nous a ramené l'expression « sextoy » (jouet sexuel) pour désigner le gode, mais aussi tous les autres objets destinés au plaisir (et le choix est vaste).

Les variétés de godes

La plupart des godes sont aujourd'hui à piles car vibrants. Cette technique du gode vibrant a été inventée par les médecins pour stimuler « les hystériques » sans se fatiguer (voir le chapitre consacré à l'histoire de la masturbation) ; c'est peut-être cette éternelle paresse des hommes à nous satisfaire qui fait que je ne cautionne pas ces objets.

Il existe des modèles à ventouse, à fixer sur une surface plane pour s'empaler commodément dessus. Dans le registre SM, on trouve également des « godes ceintures », des membres en cuir ou en plastique dont on s'harnache les hanches afin de mieux pénétrer son partenaire. Il est d'ordinaire réservé aux femmes entre elles ou aux femmes qui souhaitent pénétrer leur homme afin d'inverser les rôles. La plupart sont rigides, certains plus souples, mais non vibrants. Il y en a pour toutes les morphologies. Le dernier must est un gode en forme de lapin qui stimule en même temps le clitoris, fabriqué dans des couleurs à donner la myxomatose aux pauvres léporidés.

À l'origine, les godes étaient totalement inertes et rigides : en bois, pierre, ou métal. Ils tentaient de reproduire le membre viril aussi fidèlement que possible. Aujourd'hui le plastique est roi : souple ou rigide, coloré, profilé nervuré, parfumé au chocolat, j'en passe et des pires... Entrez dans un sex-shop, vous aurez l'impression d'être dans une boutique de souvenirs d'Eurodisney.

Avantages et inconvénients des godes

On ne s'étendra pas sur les avantages car les marchands et leurs prescripteurs de la faculté s'y entendent à merveille. Rappelons simplement que le gode permet aux femmes peu familières du sexe opposé de se désangoisser à l'idée de la pénétration, à celles qui cherchent désespérément un grand format d'en trouver un sur mesure, et à celles qui sont résolument indépendantes de faire cavalier seul aussi souvent que nécessaire. **Le gode procure, quand ça marche, des orgasmes vaginaux du point G et cervico-utérins sans avoir à se casser un bras pour se pénétrer soi-même.** C'est un bel avantage, c'est vrai.

Il peut aussi servir de jouet à un couple et aider un homme défaillant à satisfaire sa partenaire si celle-ci accepte la substitution... Même si l'homme n'est pas défaillant, mais un peu paresseux ou disons, fatigué, le gode peut aussi lui donner un sérieux coup de main.

Les inconvénients ne sont pas nombreux, mais de taille : rien à voir avec un pénis, le gode est froid, inerte, mécanique, même si certains « éjaculent » en simulant le sperme... même si certains reproduisent certains membres d'acteurs de porno, même si on en trouve de très intéressants en plastique souple.

« Je n'avais jamais utilisé de gode et pour mon enterrement de vie de jeune fille, cette fête qu'on organise entre personnes du même sexe avant de se marier, mes copines m'ont offert un splendide gode vibrant de la couleur chair du pénis, imitant la forme et les proportions d'un vrai membre. Non seulement je n'en avais jamais vu d'aussi près, mais je n'avais jamais essayé. Pour ne pas commencer ma vie de jeune mariée par une infidélité de ce genre, j'ai montré l'objet à mon nouvel époux et il me l'a introduit lui-même en le mettant en marche. Je crois que ce qui m'a le plus excitée, c'est qu'il soit le maître de l'objet. Je pense que ça m'aurait donné beaucoup moins de plaisir si j'avais été seule à le manier. Il a joué avec moi en appuyant sur le bouton du vibreur par intermittence et en l'agitant dans les moindres recoins. Depuis, le gode est dans le tiroir de notre table de nuit... nous jouons avec de temps en temps. Toute seule, il m'est arrivé de me masturber, mais franchement, je n'éprouve pas autant de plaisir que lorsque je stimule mon clitoris, j'ai même essayé de faire les deux choses en même temps, croyant par-là avoir deux fois plus de plaisir, mais ça me déconcentre plus qu'autre chose : pour moi, le gode c'est un objet qui s'utilise à deux. »

Bienséance et masturbation

PROPRETÉ ET PRÉCAUTIONS DE LANGAGE...

Trop longtemps considérée comme une activité honteuse, la masturbation a été exclue des salons et des traités de bonnes manières : il est temps ici d'y remédier, car on ne voit pas pourquoi la masturbation, comme n'importe quelle activité sexuelle, n'aurait pas ses codes de politesse et ses jolies façons.

Propreté

Les mains sales sont porteuses de germes (voir le chapitre consacré à la santé), les ongles trop longs peuvent créer des lésions dans le vagin ou à ses abords. De même, tous les accessoires utilisés pour se donner du plaisir (godes, coussins, draps, et autres) devraient être le plus soigné possible. C'est difficile à réaliser quand une envie subite vous prend de vous frotter au bras du fauteuil alors que Médor viens d'y gratter ses dernières puces...
Enfin on sait bien que les doigts de ces messieurs ne sont pas toujours des modèles d'hygiène et on les laisse entrer quand même : aussi ne soyons pas trop sévères avec nous-mêmes sur le chapitre de la propreté.

Précautions de langage

Ne parlez pas de vos orgasmes merveilleux à une jeune personne qui n'ose se masturber ou n'a jamais appris à le faire. Celle-ci risquerait d'en conclure qu'elle n'est pas normale. Soyez prudente dans vos affirmations et restez pédagogue sans « donner des leçons ». Ceci reste valable dans la relation de couple. Dédramatisez ses craintes et dites que vous aussi vous avez mis un certain temps à connaître votre corps. N'édictez aucun dogme, mais donnez des exemples de la vie quotidienne.

Sept questions que vous vous êtes peut-être posées sur l'art de se masturber

Les questions ci-après reviennent sans cesse dans les conversations entre amies comme dans les témoignages écrits que l'on peut recueillir sur le sujet. On a beau expliquer et rassurer, certaines idées reçues ont la vie dure. On finira bien par nous laisser nous masturber tranquilles !

Suis-je clitoridienne ou vaginale ? J'ai l'impression d'être les deux à la fois...

Vous ne rêvez pas. **Toutes les femmes sont, en principe, les deux à la fois.** Je dis en principe, car de nombreuses femmes n'ont pas encore (et peut-être jamais, mais après tout quelle importance du moment qu'elles

se sentent bien ainsi) ressenti de plaisir vaginal. Tout leur plaisir passe alors par l'excitation clitoridienne.
Cependant, la question est devenue caduque à mesure que les recherches sur le sujet avançaient. La femme est forcément les deux, d'abord clitoridienne depuis l'enfance, puis vaginale, à l'âge adulte. Car les deux avancent « main dans la main ». On peut difficilement jouir vaginalement si le clitoris n'a été stimulé auparavant. Comme on l'a expliqué au chapitre précédent, c'est le clitoris qui sert « d'allume-feu » pour des orgasmes plus profonds et plus puissants émotionnellement.
Si vous vous posez la question, c'est que votre plaisir est si bien orchestré que vous ne voyez plus où finit le plaisir clitoridien et ou commence le plaisir vaginal : au moment de jouir, ils sont simultanés.

Se masturber tous les jours, est-ce trop ?

On n'a jamais trop de plaisir. Certaines femmes ont besoin de beaucoup jouir pour se sentir bien : pour autant il ne faut pas confondre masturbation et anxiolytiques. Si vous vous masturbez chaque jour en toute sérénité, il n'y rien de dramatique, au contraire. Par contre si vous vous masturbez sans cesse à longueur de journée pour mettre fin à un état d'anxiété chronique, il faut vous questionner sur la source de cette anxiété, la masturbation n'en étant qu'un palliatif – ou le symptôme.

Je n'ose pas me masturber devant mon partenaire, est-ce normal ?

Oubliez le mot « normal » une fois pour toutes. Vous êtes peut-être pudique, peut-être ne le connaissez-

vous pas depuis longtemps, peut-être vous a-t-il découragée de le faire ne parlant jamais devant vous de la masturbation féminine, peut-être est-il pudique lui-même et vous craignez de le choquer...
Posez-vous d'abord la question de savoir si vous caresser devant lui vous est indispensable à tous deux ; aimeriez-vous le faire ? Et lui, vous l'a-t-il demandé ?
Ensuite interrogez-vous sur la nature de votre réticence et vous y trouverez tout ou partie de la réponse.
Faites aussi cet exercice, très excitant : demandez-lui qu'il vous bande les yeux et puis masturbez-vous devant lui : non seulement vous ne le verrez pas, mais lui sera à l'aise pour vous regarder sans crainte de vous gêner ou d'être jugé. Tandis que vous prendrez votre plaisir dans le noir, vous aurez de merveilleuses sensations...

Je préfère le plaisir de la masturbation à celui que j'ai avec mon partenaire. Suis-je normale ?

Même réponse qu'à la question 2 : **oubliez la normalité et faites plutôt une analyse des causes**. Est-ce que ce phénomène est systématique ou bien occasionnel ? Vous est-il déjà arrivé d'avoir du plaisir avec un autre partenaire autrement que par la masturbation ? Il se peut que vous ne soyez pas en phase avec ce partenaire ou encore que vous soyez encore « jeune » dans votre vie sexuelle et que tout ne soit pas encore en place pour prendre un plaisir plus varié et plus vaste ; il se peut aussi que cette façon de jouir demeure longtemps, peut-être toute votre vie, votre façon de jouir à vous. Un seul mot d'ordre : acceptez-vous telle que vous êtes, n'acceptez aucune norme ni aucune remarque ni de

votre partenaire ni des « experts » en ce domaine. Les gens qui vous aiment vous prennent telle quelle, ceux qui veulent vous transformer ne vous aiment pas vraiment, ils projettent sur vous leurs fantasmes.
Votre plaisir et votre joie au lit sont les seules choses importantes et si vous n'êtes pas contente de ce que vous vivez, multipliez les expériences sexuelles pour vous « trouver ».

Je prends des antidépresseurs et je n'arrive plus à l'orgasme. Que se passe-t-il ?

C'est logique et très dommageable. Les médecins ont surnommé les antidépresseurs – dans le secret des salles de garde – les « casse-bites ». Ce qui est valable pour le pénis l'est aussi pour le clitoris. La plupart des médecins refusent d'admettre que les antidépresseurs sont un étouffoir de la libido (les labos pharmaceutiques leur ont fait la leçon), mais c'est pourtant la vérité. Si vous le pouvez, réduisez les doses au maximum pour récupérer un peu de désir et de capacité orgasmique. Mais sachez que tant que vous serez sous antidépresseurs, votre libido sera très amoindrie, voire inexistante.

Je ne sens rien quand j'utilise un gode alors que j'adore être pénétrée.

Si les godes pouvaient remplacer les hommes, ça se saurait. On a beau chanter les louanges des godes dans les médias, **un bout de plastique froid et raide ne pourra jamais remplacer la douceur palpitante d'un authentique membre viril.** Essayez d'éprouver du plaisir à embrasser un mannequin en bois ou en

latex et vous verrez très vite que de vraies lèvres sont autrement plus excitantes.
N'oubliez pas que le gode a été inventé par des médecins, des scientifiques qui ont une vision du sexe très mécanique et utilitaire. Le gode a été calqué sur le modèle du mixer ou du moteur de bagnole, or une femme n'est ni une courge, ni une Ferrari. Le sang, la chaleur, la chair et l'émotion sont ses mondes. Le plaisir interne féminin est tout sauf solitaire, il est émotionnel et même si certaines obtiennent des sensations avec un gode, celles-ci demeurent très localisées. Rien de grandiose en somme.

J'aimerais changer de façon de me caresser pour faire plaisir à mon partenaire, mais je n'arrive à jouir que d'une seule manière : que faire ?

Rien du tout. Si vous cherchez à changer votre manière d'être pour lui faire plaisir c'est déjà très mal parti entre vous. Si votre partenaire veut vous transformer en actrice de porno, qu'il retourne dans le salon s'exciter devant son home cinéma. Il n'est vraisemblablement pas à votre écoute et ne souhaite pas vous accepter telle que vous êtes. Reportez-vous au chapitre 8 pour lui faire comprendre votre façon de fonctionner. Et s'il s'obstine, vous irez beaucoup plus vite en changeant de mec !

5. à quoi pensent-elles quand elles se mastur-bent ?

On aurait dû commencer par ça. **Aucun orgasme ne peut être obtenu si le cerveau n'est pas de la partie.** Surtout chez les femmes. Quand un homme peut « se polir le chinois » à l'aide d'un simple magazine porno ou même devant la photo de sa belle, il faut généralement un scénario beaucoup plus élaboré à une femme pour en arriver au même point. Les fantasmes des femmes sont nombreux et variés. D'après les témoignages qui nous ont été confiés, ceux-ci sont de neuf sortes :

L'ACTE DE FAIRE L'AMOUR

Très classique, mais efficace, la masturbation étant aussi censée remplacer un rapport sexuel, il est aisé d'imaginer qu'on est en train de le faire alors qu'on est seulement à se frotter toute seule. Seulement là toutes les folies sont permises, c'est finalement une façon de magnifier le quotidien de se projeter dans ce qui pourrait être ; dans le rêve, les hommes ne sont jamais déficients et la femme jamais fatiguée...
Bien sûr, le partenaire peut varier mais beaucoup de femmes, à choisir, préfèreront George Clooney à leur pote Raymond ; ces messieurs qui s'astiquent devant Laure Sinclair nous comprendront aisément. Pour les très amoureuses (mais je crois que cela ne dure pas longtemps), l'ami ou le mari peut illustrer de ses prouesses ce moment de solitude.

AVEC L'AMI, LE MARI, LE COMPAGNON

« Mon ami me laisse souvent seule car il travaille en horaires décalés, il m'arrive de me masturber en pensant à ce que nous avons fait la veille, car nous nous entendons très bien physiquement. J'entends sa voix, je me remémore ce qu'il a dit, je l'entends me dire "allez viens, viens". Ses yeux surtout sont importants, j'aime m'y plonger mentalement. Quand le

plaisir monte et que cela devient plus chaud, je crie son nom exactement comme s'il était là. Après, je m'embrasse et me caresse les bras les épaules en lui disant "je t'aime". Ça ne le remplace pas mais ça me permet de patienter, de me consoler. »

UN ACTEUR CONNU

Orlando Bloom, acteur de *Pirates des Caraïbes* a été élu en mai 2007 acteur le plus sexy de l'année par les lectrices du magazine *In Style*. Les Anglo-Saxonnes hésitaient entre lui et : Brad Pitt, Scott Speedman, Tyrese Gibson, Josh Hartnett, Chris Evans, Aaron Eckhart, Josh Duhamel, Matt Damon ou Zac Efron.
Les Françaises citent pour leur part : Benoît Magimel, Guillaume Canet, Mathieu Kassovitz, Vincent Cassel...
Tout ça pour vous dire qu'on peut absolument tout se permettre quand on se masturbe, il ne vous en coûtera que quelques magazines où ces charmants s'étalent en double page.
Que les quadras et les quinquas se rassurent, vous n'êtes pas anormale si vous préférez vous masturber sur une vieille photo de Michel Piccoli ou si Lino Ventura dans *La Bonne Année* vous fait grimper aux rideaux. Encore une fois tout est possible puisqu'on fantasme.

UN AMI DE LEUR AMI OU DE LEUR MARI

On est ici dans le domaine sulfureux de la perversion, on trompe sans tromper avec l'homme le plus proche de celui qu'on aime. Si le monsieur est joli cela se justi-

fie peut-être, mais si c'est un pou il y a lieu de douter de la longévité du couple à moins que madame ne soit particulièrement retorse et libertine : je te trompe, je te baise, semblera-t-elle dire à son compagnon par cette pratique solitaire avec la pensée du meilleur ami.
Pour autant, cette situation interdite, traîtresse, est hautement excitante.

UN INCONNU

Avec un ou plusieurs inconnus on peut se laisser aller à tout faire puisqu'on ne les reverra jamais. Être prise par un homme inconnu fait sauter les verrous de l'inhibition chez une femme. Il permet aussi un adultère sans le nommer vraiment.

« Je suis dans un train de nuit, dans ma couchette et un voyageur monte s'installer dans la couchette voisine. Au lieu d'occuper sa place, il se tourne finalement vers moi et monte sur moi sans me demander mon avis. Je ne dis rien, je fais semblant de dormir. Alors il m'enlève ma culotte en tirant dessus sèchement et caresse mon sexe avec ses doigts jusqu'à ce que je le supplie de me pénétrer. Je me retiens de ne pas crier de plaisir, j'ouvre alors les cuisses plus largement et je prends son sexe raide pour me l'introduire, c'est à ce moment-là que je parviens à l'orgasme. »

DES INCONNUS (LE GANG BANG)

L'effet de groupe décuple les sensations ; le gang bang a aussi une dimension de soumission puisqu'on est livrée à un groupe d'hommes dont on est le jouet, le déversoir...

« Je fantasme que je suis prise à plat ventre sur un capot de voiture, le cul bien en évidence, la jupe remontée sur les reins. Ça se passe dans un parking et une cinquantaine de mecs se succèdent dans ma chatte, certains se trompent de chemin et m'enculent au passage. Chacun passe à son tour tandis que les autres regardent, j'entends leurs réflexions grossières genre "la salope est bien remplie" et ça m'excite tellement que je jouis très fort et plusieurs fois. »

UNE FEMME

Les amours saphiques se marient si bien avec l'onanisme au féminin que la marge entre le fantasme et la réalité est vraiment étroite. Il suffit de fermer les yeux pour sentir, ou presque, que ces doigts qui nous branlent pourraient être ses doigts à elle...

« Je pense à une amie que j'aime bien, que je trouve belle et sexy. Je n'ai jamais osé, dans la réalité, lui dire que je voulais faire l'amour avec elle. Je ne sais même pas si elle aimerait ça. Dans mon fantasme, elle m'allonge sur le lit et branle mon vagin avec ses doigts, moi ensuite je regarde sa vulve avec respect et je la lui baise. Quand je l'entends jouir, je jouis moi aussi. La variante : nous sommes dans un restaurant, nous dînons toutes les deux puis, prises d'une envie soudaine, nous filons dans les toilettes nous donner mutuellement du plaisir. Je découvre à cette occasion qu'elle ne porte pas de slip. »

UN VIOL SUR ELLE-MÊME OU UNE AUTRE

Le fantasme de viol a fait saliver plus d'un macho de base (« *Violer c'est quand on veut pas, moi, j'voulais.* » Coluche, 1978). C'est pourtant un fantasme féminin, nous devons le reconnaître, tout en défendant aux hommes d'en faire mauvais usage. Le viol, le rapt, nous exonèrent de la culpabilité engendrée par le plaisir.

> *« Je fantasme qu'un inconnu me prend de force dans un couloir de métro peu avant la fermeture, ça peut aussi être dans les toilettes d'un lieu public. Il me bâillonne avec sa main, de l'autre arrache mon slip, sort son sexe de son pantalon et m'enfile rudement. À cette vision je jouis immédiatement. Je peux aussi fantasmer que j'observe un viol par un trou de serrure, la fille crie, se débat, puis finit par être consentante. Ce rêve me fait jouir aussi. »*
>
> *« Je suis toujours excitée par la même scène, un inconnu me poursuit dans une forêt, je perds du terrain, il me rattrape, me fait tomber, me plaque au sol, me gifle pour que j'arrête de crier, puis il arrache mon slip et me prend avec brutalité. Je jouis en l'imaginant aller et venir sur moi sans aucun ménagement. »*

UNE FESSÉE (ET TOUTE FORME DE DOMINATION, HUMILIATION, SOUMISSION)

Les femmes ayant des tendances sadomaso étant au moins aussi nombreuses que leurs partenaires masculins (sinon comment les SM s'accoupleraient-ils ?), on trouve pas mal de témoignages de femmes invoquant la fessée ou tout autre fantasme de domination pour parvenir à l'orgasme en solitaire.

« C'est toujours le même fantasme, avec quelques variantes, mais il m'excite si vivement que je peux recommencer à me faire jouir plusieurs fois grâce à lui. Je me vois dans le rôle d'une petite fille que son papa emmène dans la chambre pour lui administrer la fessée qu'elle mérite. Il me couche sur ses genoux ou à plat ventre sur le lit et il tape mon cul en rythme ; le bruit des claques qui s'abattent sur mon fessier servent de tempo pour ma branlette. Je jouis très rapidement. Les variantes sont : en public ou à la campagne, dans une grange, allez savoir pourquoi... J'aime aussi l'entendre dire "je vais te dresser" : le partenaire est plus âgé que moi. »

« Je fantasme que mon ami me ligote aux montants du lit, me bande les yeux et me sodomise : pendant que je pense à ça, je me masturbe avec deux godes, un devant et un derrière. C'est ce que j'appelle ma masturbation "grand luxe". Je ne le fais pas souvent, mais quand je le fais, c'est énorme. Dans la vraie vie, mon ami ne fait jamais ça car je n'ai jamais osé lui demander. »

L'ACTE AVEC DES ANIMAUX

Quoiqu'interdite en France, la zoophilie fait toujours des émules, même auprès des femmes. (Rares, il est vrai.) Plus difficile encore d'avouer ce fantasme tel que celui raconté par une libertine au détour d'un verre au bar :

« J'aime imaginer quand je me masturbe, qu'un maître chien vient dans ma chambre accompagné de son berger allemand. Nous faisons l'amour et au bout d'un moment le chien semble vouloir sa part aussi : l'homme prend le museau de son compagnon et le pose sur ma vulve, il se met à me lécher, je jouis. Bien évidemment, je ne l'ai jamais fait, mieux que ça, j'ai peur des chiens ! »

DES FANTASMES MÉDICAUX

C'est le vieux rêve du « on joue au docteur » qui émoustille hommes et femmes. Chez les femmes, la table gynéco offre un lieu de délices non égalé... et tous les accessoires qui vont avec.

« Je m'imagine en visite chez mon gynéco – que je trouve par ailleurs très sexy. Il me dit de me déshabiller et de mettre mes pieds dans les étriers, puis il met un gant en latex et commence à fouiller mon intérieur très doucement. Je jouis immédiatement à cette pensée. C'est pourquoi je fais durer toutes cette petite histoire suffisamment pour que la jouissance coïncide avec cette pénétration mentale (déshabillage plus lent, conversation avec le médecin très excitante, etc.). Parfois je corse la chose en m'inventant un médecin un peu timoré qui n'ose pas me pénétrer et désigne en les effleurant à peine certains endroits de ma vulve qu'il jugerait "malade". Je le supplie de m'examiner, mais il me dit qu'il ne peut pas, c'est une délicieuse torture... Jusqu'à ce qu'il cède, maladroitement, mais je suis si excitée que je jouis. Parfois aussi, je suis en visite pour une question de frigidité et mon médecin me masturbe le clitoris en me rassurant. Jouissances répétées garanties. »

EN REGARDANT UN FILM, DES PHOTOS

C'est plutôt les hommes qui, d'habitude, ont une sexualité visuelle, mais beaucoup de femmes avouent s'exciter ou tout du moins démarrer un début d'excitation à l'aide de photos. Les films sont excitants pour les deux sexes, mais les femmes seront plus subtiles dans leur approche, elles préfèreront un film du cinéma classique qui évoque des choses excitantes plutôt qu'un film porno comme les hommes les affectionnent, plus directs.

« J'adore Clooney dans Urgences, *quand il paraît à l'écran avec son stéthoscope autour du cou et son air assuré. Sa seule vue me fait un effet pas possible. Après, le feuilleton continue, mais moi j'imagine des choses que nous faisons ensemble, que je suis infirmière et nous sommes dans sa chambre, il est de garde et nous faisons l'amour à toute vitesse car nous pouvons être dérangés à tout moment ce qui ne l'empêche pas d'être tendre. »*

« J'ai découvert que je pouvais être excitée par les photos de mecs chez une amie qui possédait un jeu de cartes à jouer érotique figurant des jeunes mecs bien gaulés. J'ai maté le jeu toute la soirée, organisant des concours de celui qui était le plus excitant pour moi et me masturbant par intermittence. Après j'ai acheté le calendrier Les Dieux du stade, *un vrai régal ! Ce que je regarde le plus ? La queue, la queue et la queue, les yeux, les testicules, les fesses, les épaules... Mais surtout la queue. »*

À L'AIDE D'UN OBJET CHARGÉ ÉMOTIONNELLEMENT (SLIP D'UN HOMME, ETC.)

On se souvient d'Humbert Humbert dans le roman de Nabokov, *Lolita,* qui se masturbait avec la socquette blanche de sa bien-aimée. Il en est de même de certaines femmes qui utilisent le slip, le tee-shirt ou un vêtement appartenant à leur chéri (ou à leur idole !).

> *« Un jour, un de mes amants avait oublié son slip sous le lit... Je ne l'ai surtout pas lavé, je l'ai mis entre mes cuisses pour me branler dessus non sans l'avoir respiré puissamment auparavant. »*

Alors, heureuses ? Comme vous le voyez, les rêves éveillés que l'on peut faire sur le sujet sont infinis. L'avantage est qu'ils sont sans limites, hors la loi, et nets d'impôts...

6.de l'espace et du temps

À la recherche du temps perdu

Il y a un temps pour tout, mais surtout il faut savoir prendre son temps. On imagine à tort que, comme le clitoris est un « petit bouton », il doit fonctionner avec autant d'infaillibilité et de rapidité que celui du distributeur à café. Si cela tend à devenir vrai à mesure que l'on est expérimentée dans le domaine, les plus novices et leurs compagnons commettraient une erreur à penser de même.

De toute façon et d'une manière générale, prendre son temps est à la base de toute entreprise sexuelle réussie. Les « quickies » (petits coups vite faits) sont à la mode pour des raisons de productivité, mais ce ne devraient être que des intermèdes dans une vie amoureuse placée sous le signe du farniente et de la rêverie.

Combien de temps y consacrer ?

L'orgasme clitoridien est bref (trois ou quatre secondes), explosif, mais peut, contrairement à l'orgasme masculin auquel il ressemble beaucoup, se renouveler plusieurs fois (jusqu'à cinq ou six fois de suite disent les effrénées). Pour y arriver, par contre, cela peut prendre un certain temps. Certaines lambinent par paresse, d'autres se baladent par plaisir, d'autres encore s'arrêtent avant d'avoir fini, pour mieux « réchauffer les restes » de leur excitation un peu plus tard. Car un feu bien entretenu peut couver plusieurs dizaines de minutes...

« Quand je me masturbe, j'aime bien me faire monter par paliers progressifs. Je me frotte à un coussin : dès que l'orgasme est sur le point d'arriver, je stoppe. Je reprends ma respiration, je me repose un peu et avant que l'excitation ne redescende trop, je reprends mon frottement et ce trois ou quatre fois de suite et de plus en plus vite. À la fin, quand je jouis, c'est violent, je cris, je me cambre tellement c'est bon. Mon excitation est

montée tellement haut que je peux généralement recommencer trois ou quatre fois de suite. Je jouis mieux en procédant comme ça qu'en jouissant tout de suite. Je crois que l'énergie accumulée est plus explosive. »

Il est à noter au passage que cette méthode est préconisée aux hommes dans le traitement de l'éjaculation précoce et de manière générale pour ralentir l'éjaculation... et devenir un meilleur amant !

« J'adore me masturber mais parfois je suis tellement fatiguée après une journée de travail que je n'ai pas la force d'arriver jusqu'à l'orgasme. Qu'à cela ne tienne, je me caresse le clitoris du bout du doigt très gentiment tout en regardant la télé. Si le programme est un peu chaud, ça peut m'aider à aller plus loin, sinon j'en reste là à me faire des petites décharges de plaisir un peu faiblard, un peu sourd, mais très agréable quand même. Ça me permet de garder un contact avec mon corps et avec mon plaisir... rien de plus. »

Fréquence et périodicité

Pas de règles (jamais !) en la matière. Comme je le dis plus loin dans le chapitre traitant des questions de santé, il vaut mieux s'inquiéter si le temps passé à se masturber commence à empiéter sur le temps consacré aux tâches ménagères ou au boulot, ou pire, aux proches. Sinon, certaine femmes déclarent se masturber au moins une fois par jour, d'autres une fois par an.

« Je suis folle de mon copain, mais il est assez loin souvent, il est dans l'armée. Souvent nous faisons l'amour par téléphone, je me masturbe au bout du fil, lui aussi. Mais ces séances m'excitent tellement que je recommence aussitôt après avoir raccroché. Il n'est pas rare que, les soirs où il téléphone, je me fasse jouir trois à quatre fois dans la nuit parce que je pense à lui et que sa voix me fait un effet pas possible. »

Les moments propices

PENDANT L'ACTE

Qui peut le plus peu le moins : la masturbation, on l'a vu, fait partie intégrante des préliminaires et même des pauses-café de toute séance de lit digne de ce nom. Avant, cela prépare le terrain. Après, attention, cela peut vouloir dire que Monsieur n'a pas été tout à fait à la hauteur. Voir à ce sujet le chapitre sur la masturbation en couple.

LA NUIT

La nuit toutes les chattes sont... chaudes et surtout pas grises. Les rêves sont là pour aider au déclenchement d'un orgasme. Beaucoup de femmes ont vécu ainsi, sans culpabilité aucune, leur premier orgasme clitoridien, probablement par frottement et contraction réflexe de l'intérieur des cuisses. Les filles qui ont un orgasme la nuit sont généralement très culpabilisées par la masturbation. Se faire jouir par le biais du rêve est pour elles un moyen commode de parvenir à leurs fins sans avoir l'air d'y toucher.

« Je dormais profondément, c'était la nuit, en Espagne, pendant les vacances. J'étais encore au lycée et un ami de mon père était venu dîner. Je n'avais pas prêté attention à lui, j'avais un petit copain à l'époque auquel j'écrivais tous les jours. Mais cette nuit-là, je me suis réveillée en plein orgasme, mon cœur battait à tout rompre, j'étais en sueur et surtout toute mouillée à l'entrecuisse et très très troublée. Je n'avais jamais ressenti cela. En m'éveillant, je gardais le souvenir lointain d'un rêve où se découpait la silhouette de l'ami de mon père, penché au-dessus de moi, en train de m'embrasser langoureusement. Le lendemain, quand cet homme est revenu voir mes parents, je l'ai regardé avec de tout autres yeux. »

LE MATIN

L'énergie sexuelle est à son maximum le matin. On ne le dira jamais assez, c'est le matin que les orgasmes sont les plus vifs, la sensibilité des hommes comme des

femmes à fleur de peau. Se réveiller par un orgasme est la meilleure façon qui soit de se mettre en forme. Pour cela, il est préférable de dormir nue, ou sans slip, même quand on dort seule.
Point n'est besoin d'y passer des heures, mais de toute façon c'est une excellente raison d'arriver en retard au bureau. On peut aussi utiliser la séance de douche (pour celles qui aiment ça) du matin pour se satisfaire. Mais le mieux est de se réveiller par l'orgasme.

> *« Souvent le matin, dès que j'ouvre les yeux, je me sens excitée alors je commence à me caresser le clitoris de la paume de la main, je me malaxe la chatte comme pour la réveiller elle aussi. Je laisse mes pensées vagabonder. Au bout d'un moment, je sens que je monte alors j'augmente le mouvement et c'est parti, je jouis deux ou trois fois comme ça et après je suis prête pour une bonne journée. »*

LES LIEUX DU CRIME

Ça pourrait commencer comme le jeu du Cluedo : « Mademoiselle Hunt, avec une courgette, dans la cuisine » ou bien : « La Marquise de Je-Veux-Bien, sur un coussin et avec son cousin chez les voisins. » Mais en général c'est beaucoup plus conventionnel que ça. Cependant le lieu n'est pas à négliger [1] : pourvoyeur de tranquillité ou d'exhibition, toujours riche en fantasmes et en ondes positives. Soigner le cadre, c'est soigner son plaisir.

1. Voir à ce propos le *Osez faire l'amour partout sauf dans un lit*, de Marc Dannam, La Musardine, 2004.

DANS LE LIT

Comme pour faire l'amour avec un homme, le lit revêt l'avantage du confort et de l'intimité qu'offre une chambre, de préférence fermée à clef. Il convient bien à toutes celles qui se masturbent en position allongée ou en chien de fusil, couchées sur le côté. L'environnement d'une literie recèle un tas d'accessoires sympas comme les draps (roulés en boule), les oreillers, divers coussins, les couvre-lits les plus doux (fourrure, soie...) et le polochon, délicieux instrument phallique que vous chevaucherez avec délice.

SOUS LA DOUCHE, DANS LE BAIN

L'eau détend et, quand elle est chaude, entretient le feu intérieur. La salle de bain est encore plus intime que la chambre, mais en revanche plus sonore ; que celles qui aiment témoigner au monde de leur plaisir se méfient des tuyaux des voisins !
Celles qui prennent leur pied avec la pomme de la douche ou avec des poires à injection vaginales ne peuvent de toute façon aller jouir ailleurs...
Sinon, toutes celles qui se caressent de façon « classique » trouveront dans la salle de bain leur bonheur avec une grande variété d'objet à utiliser : serviettes de bain, gants de toilette, rebords de baignoire et de lavabo, bouteilles de produits divers, bombes de laque, manches de brosses à cheveux, huiles essentielles à toute friction énergique...

DEVANT LA GLACE

Très excitante façon de se faire jouir, le miroir est un accessoire érotique indispensable, seule ou accompagnée. Quelques psys futés ne manqueront pas de découvrir le fil à couper le beurre en déclarant doctement que vous vous faites l'amour à vous-même. Et alors ? N'est-ce pas la définition même de la masturbation ? Citons cette phrase de Woody Allen : « *Se masturber, ce n'est jamais que faire l'amour avec la personne que l'on aime le plus.* » Se masturber devant une glace permet de mieux se connaître, de s'exciter par le spectacle d'un « autre soi » qui voit monter son orgasme et se donner du plaisir. De toute façon, si vous jouissez, je vous garantis que, concentrée sur votre orgasme, vous n'aurez plus la tête à vous admirer.

LIEUX PUBLICS

Tout l'intérêt des lieux publics réside dans le fait qu'on peut à tout moment être surprise en train de se faire jouir voire se faire mater sans vergogne et pour pas un euro. Les transports en commun (bus, métro, train) sont aussi érogènes que les transports individuels cité ci-dessous, pour les mêmes raisons : secousses, cahots, démarrages et arrêts sont des mouvements favorisant le massage du clitoris sur la banquette ou le strapontin. Sauf que cette fois, une trentaine de paires d'yeux sont potentiellement preneurs de notre orgasme et ce, tant que dure le temps du voyage... Pour les plus discrètes, tout peut se faire sans que nul ne s'en aperçoive. C'est à vous de choisir.

Les W.-C. publics sont aussi excitants que lorsqu'ils sont utilisés à deux. Du reste rien ne vous empêche d'aller allumer le pauvre monde dans les toilettes des hommes, comme le raconte le témoignage de Christelle :

« C'était en camping, j'étais ado et j'avais remarqué un garçon un peu emprunté qui me matait à la piscine, mais n'osait rien faire. J'eus l'idée alors de le suivre discrètement dans les toilettes des hommes et de m'enfermer dans un des W.-C. contigus au sien. Les cabines étaient ouvertes en haut, c'est-à-dire qu'on pouvait absolument tout entendre d'un endroit à l'autre. Déjà très excitée je n'ai pas eu besoin de me frotter très longtemps, un pied sur la cuvette, jupe retroussée, main dans la culotte, pour arriver à l'orgasme et à bien le lui faire entendre. Je l'ai entendu qui arrêtait de pisser d'étonnement – ou d'excitation, qui sait ? Je pense qu'il écoutait, alors j'ai recommencé à jouir une seconde, puis une troisième fois. Je l'ai entendu se masturber à son tour, alors j'ai filé tandis qu'il se finissait. Quand il est ressorti, je l'attendais près de la piscine je l'ai regardé fixement dans les yeux. Il a rougi violemment. Je crois qu'il avait compris. »

À CHEVAL, SUR UNE MOTO, À VÉLO

La position « à califourchon » est idéale d'autant que les montures citées ci-dessus peuvent imprimer au bassin des vibrations et tremblements variés. Les cuisses sont libres de serrer les selles plus ou moins fort au gré des besoins de la cavalière, motocycliste, vélocipédiste...

Le cheval

Le cheval est à pratiquer « au pas » : le trop et le galop ne permettant pas – aux dires des cavalières émérites – une friction continue et maintenue de la région clitoridienne sur la base du pommeau de la selle. Par contre, la proximité de la chaleur des flancs de l'animal m'empêche de continuer plus avant ici sous peine de censure. À noter cependant, certaines femmes pratiquant l'équitation avouent avoir pris grand plaisir à monter « à cru », c'est-à-dire sans selle et sans culotte. Les connaisseurs indiquent que la stimulation se fait par le garrot du cheval, une petite bosse située à la base de l'encolure. C'est un sujet tabou, en équitation, mais qui n'en est pas moins réel, les poils de l'équidé faisant le reste...

La moto

Il n'est qu'à noter les paroles de la chanson de Gainsbourg sensuellement interprétée par notre BB antique, mais nationale : *Je n'ai besoin de personne en Harley Davidson.* La moto est divine parce qu'elle produit exactement les mêmes vibrations que le plus perfectionné des godemichés, les cahots de la route en plus. Pour peu que vous vous trouviez derrière l'homme de vos rêves, l'orgasme sera total !

Je n'ai besoin de personne
En Harley Davidson
Je n' reconnais plus personne
En Harley Davidson
Quand je sens en chemin
Les trépidations de ma machine
Il me monte des désirs
Dans le creux de mes reins.

Le vélo

Le vélo est à la moto ce que le godemiché manuel est au vibro le plus perfectionné. Pourtant quel orgasme bucolique vous manqueriez si vous vous absteniez de grimper sur votre petite reine... En général, quand l'orgasme survient, mieux vaut s'arrêter et poser un pied à terre. Le pédalage n'est pas compatible avec la jouissance.

7. questions de santé publique

Les bienfaits de la masturbation

Après avoir été accusée des pires maux, la masturbation figure aujourd'hui dans le peloton de tête des remèdes universels.

LA MASTURBATION EST BONNE POUR LE MENTAL

Parce qu'elle procure du plaisir, tout simplement : en cela, elle s'apparente à une bonne tablette de chocolat ou un super fou rire en stimulant la sécrétion d'endorphines. Les endorphines sont des hormones qui rendent heureux, voire euphorique. Se masturber aide à se détendre, à s'endormir, à se déstresser. Inversement, s'empêcher de se masturber, par culpabilité ou peur, produit les effets opposés : angoisse, stress, etc. Lorsqu'on se masturbe, on a le sentiment d'avoir le pouvoir de se faire du bien à soi même. Un peu comme lorsqu'on se gratte le dos ou que l'on se masse les pieds, c'est une satisfaction simple et à la portée de tous et en plus ça ne ruine pas le compte en banque... La masturbation console et sert d'alternative, de « soupape sexuelle » lorsqu'un partenaire n'est pas disponible ou inaccessible. Elle peut remplacer temporairement ou à long terme la pénétration ou d'autres caresses lorsqu'un des deux partenaires ou les deux sont incommodés physiquement ou psychologiquement par une maladie, une grossesse ou la fatigue. En cela elle atténue la frustration sexuelle.

« Je me masturbe avant un concours quand celui-ci me stresse trop, ça me détend vraiment. Après j'ai l'impression de m'en foutre un peu et puis cela me redonne bizarrement confiance en moi. Quand j'arrive devant le jury (je passe des concours pour devenir fonctionnaire), je me suis masturbée un peu avant et je pense : "Vous voyez, là, j'ai l'air bien sérieuse, mais il y a seulement une heure je me suis envoyée en l'air

avec mes doigts et vous n'en savez rien..."
Ça me rend forte, un peu comme si je bravais un interdit ou que j'avais quelque chose de plus qu'eux.
Du coup, je suis plus sûre de moi, j'ai moins de signes extérieurs de stress. » Cécile, 24 ans.

LA MASTURBATION EST BONNE POUR LE CORPS

C'est un sport de type entraînement cardiovasculaire : quand on se masturbe, les battements cardiaques augmentent jusqu'à plus de 65% de la capacité maximale. Faites une expérience, prenez un cardio-fréquencemètre (en vente dans les magasins de sport) et portez-le pendant que vous vous masturbez, observez la pointe maximale que peut faire votre cœur au moment de l'orgasme : cela équivaut à une bonne petite course, un sprint raisonnable ou même une montée d'escalier. Plus vous recommencez, plus votre cœur s'entraîne.
Au final, vous obtenez les mêmes résultats qu'après un petit entraînement : circulation sanguine augmentée, teint superbe, endorphines stimulées, bonne humeur...
Côté musculation, pour les femmes, ça n'est pas mal non plus, surtout pour celles qui pratiquent la technique du « sciage », en serrant fortement les adducteurs. Sinon, pour toutes, se masturber irrigue et muscle imperceptiblement les abords de la vulve et le tiers inférieur du vagin. Pour celles qui utilisent des godes, c'est la totalité du vagin qui est stimulée. Or on sait combien il est important d'être tonique dans ces zones pour mieux apprécier le coït.

LA MASTURBATION EST L'UNE DES PORTES D'ENTRÉE VERS UNE SEXUALITÉ HEUREUSE

Elle permet une meilleure connaissance de soi. Par la suite il est ainsi plus facile de faire partager à son partenaire ses préférences et cela tout en favorisant l'intimité dans le couple. Pour les jeunes femmes, elle facilite l'accès à leur propre corps : la masturbation est pédagogique. La masturbation permet également de combattre les effets de certains dysfonctionnements sexuels : l'anorgasmie chez la femme, et l'éjaculation précoce chez l'homme. Il a été démontré statistiquement que les femmes ayant pris l'habitude de se masturber jusqu'à l'orgasme ont plus de chances de parvenir à l'orgasme plus tard, avec leur partenaire.
La masturbation peut servir de rééducation douce pour une personne traumatisée sexuellement, craintive des relations sexuelles, ou souffrant de certains dysfonctionnements sexuels. À titre de préliminaire, la masturbation est une des variantes de l'amour, un jeu sexuel et un complément du coït.

« Lorsque j'étais enceinte, j'ai dû garder le lit durant les cinq premiers mois de ma grossesse. Outre que la situation est très éprouvante car on ne peut absolument rien faire de ses journées, tout rapport sexuel est interdit sous peine de perdre l'enfant. Mon homme et moi avons réussi à contourner l'obstacle par la masturbation mutuelle. Et je peux le dire, notre intimité a été renforcée, la frustration de ne pas pouvoir avoir de rapports complets a été bien diminuée et nous avons joui différemment un peu comme deux ados, c'était amusant et charmant, nous en gardons un excellent souvenir. »
Elsa, 30 ans.

Les risques de la masturbation

Ils sont peu nombreux, surtout pour les femmes, mais il faut quand même les répertorier ici : faute d'y prêter attention, vous vous gâcheriez le plaisir.

RISQUES D'IRRITATION

L'excès nuit en tout. Avis aux branleuses invétérées qui aiment tant ça qu'elles ne peuvent s'arrêter : l'irritation et le prurit vulvaire les guettent. N'oubliez pas que la masturbation, c'est un frottement avec la main ou un objet, donc une surchauffe est toujours possible. Dans la quête effrénée du plaisir, on tend à oublier qu'on peut parfois se faire un peu mal. À l'instar de ces coureurs de marathon si pressés d'arriver au but qu'ils n'ont cure des ampoules. On n'a bien sûr jamais vu des ampoules aux vulves obsédées, mais méfiez-vous quand même des champignons et gerçures qui s'épanouissent si bien en milieux humides et chauds.
Attention aussi aux surfaces sur lesquelles vous choisissez de vous frotter : les rebords de baignoires ont quelques adeptes, prenez garde qu'ils ne soient ni fêlés ni écaillés...

« Une fois, je me suis masturbée si fort avec ma main que ma vulve en était cramoisie. Cela me piquait vraiment. J'ai été obligée d'appliquer une crème apaisante que j'utilise pour les rougeurs de mon bébé. En fait, c'est un bon truc,

la crème adoucissante. Je crois que j'y avais été un peu fort, mais on ne se voit pas faire. Moi quand je me caresse comme ça, je perds la tête un moment. »
Solange, 35 ans.

GARE AUX GERMES

On ne va pas vous pasteuriser le minou car les messieurs qui passeraient ensuite par là en seraient tout penauds, mais si vous êtes prise d'une envie soudaine au milieu d'une journée de travail, faites attention à vous laver les mains avant de vous isoler pour accéder au bonheur. Ne pensez pas que les bureaux sont des endroits propres : il y a des millions de germes sur le clavier d'un ordinateur. Quand aux transports en commun, c'est une horreur. Si l'envie est impérieuse, caressez-vous à travers le slip, c'est plus sage.
Les godes et tous objets servant à l'acte doivent aussi être propres, n'avoir été utilisés par personne d'autre que vous (attention, là ça peut même virer au plus grave) et bien sûr ne pas provenir directement de votre anus au risque de véhiculer des bactéries fécales dans le vagin, amis de la poésie et des infections urinaires, bonsoir !

ATTENTION À LA MASTURBATION COMPULSIVE

Se masturber trois ou quatre fois par jour semble encore dans la normalité ; on parle de masturbation compulsive au-delà de ce chiffre. Certaines fillettes abusées sexuellement sont ainsi détectées par les services sociaux car elles se masturbent fréquemment en public et plus de quatre ou cinq fois par jour, et ce à n'importe quel moment de la journée. Il en est de même pour certaines adultes et ces manifestations de libido « excessive » servent de palliatif à l'angoisse. Cette fois, il convient de s'inquiéter – et de consulter – car la masturbation n'est plus un plaisir mais un symptôme.

« À seize ans, je n'allais vraiment pas bien et il m'arrivait de me masturber près de dix fois par jour ! À la fin, mon corps ne répondait plus, ça ne me faisait presque plus rien, mais j'avais besoin littéralement de me "branler" ; j'espérais par là l'apaisement que l'on a quand on le fait raisonnablement. Je pense que j'étais très angoissée et que je me masturbais comme d'autres se jettent sur une tablette de chocolat ou des clopes. Ceci dit, je pense qu'il a été mieux pour moi de me masturber que d'aller me jeter sans les bras de n'importe quel type car j'ai connu des copines dont c'était le problème et c'est, à cet âge, plus lourd de conséquences. Moi, cela m'a passé avec le temps. Quand je suis tombée amoureuse en fait. »
Catherine, 25 ans.

Le safe sex

La masturbation a réellement acquis ses lettres de noblesse avec l'arrivée du sida dans les pays occidentaux. Les homosexuels ont ouvert une brèche de plus dans le puritanisme et en toute connaissance de cause, en prônant le « safe sex » (littéralement, le sexe sans risque). Avant l'avènement des trithérapies, il devenait tellement dangereux d'avoir des rapports sexuels, même avec préservatifs, que des groupes militants se sont mis à recommander de ne plus avoir de rapports du tout, hormis des séances de masturbation à deux ou à plusieurs (pourquoi se priver de partouzer, non mais !). On a entendu parler à cette époque – et jusqu'à aujourd'hui d'ailleurs – de « jack off parties » : partouzes éjaculatoires au cours desquelles plusieurs hommes en réunion se masturbaient en chœur, ça rappelle des réunions plus ordinaires et convenables lors desquelles la masturbation cérébrale et de groupe est aussi de mise...

L'idée n'a pas séduit des millions d'adeptes ; la masturbation ne peut être qu'un passage dans la vie d'un couple et puis les trithérapies sont venues réduire l'hécatombe engendrée par l'épidémie, à tel point qu'aujourd'hui beaucoup de couples, même occasionnels, omettent de se protéger et l'on observe une légère recrudescence de la maladie.

Pour autant, la masturbation demeure une alternative tout à fait possible pour éviter la contamination avec un autre partenaire et quelle que soit la maladie. Elle a toujours été aussi un excellent moyen de contraception, à condition que l'éjaculation ne se produise pas à l'entrée de la vulve (certains spermatozoïdes sont très véloces et ne se contenteraient pas semblent-ils de faire antichambre à l'entrée d'une dame). La masturbation a de reste été la sexualité des couples d'adolescents pendant des années, avant l'avènement de la pilule...

Quelles maladies peut-on éviter grâce à la masturbation ?

Toutes ! Absolument toutes, sauf celles que l'on est susceptible de contracter tout seul comme un grand en s'asseyant un peu n'importe ou (herpès fessiers, condylomes) ou en ayant des problèmes de champignons.
Sinon, la masturbation peut vous éviter l'herpès génital, le sida, les infections à chlamydiae, les blennorragies, gonococcies, salpingites... j'en passe et des meilleures. Bien sûr, j'inclus dans le terme de « rapports sexuels », la fellation et le cunnilingus qui sont aussi risqués en matière de contamination.

COMMENT FAIRE ?

On considère deux types de pratique de safe sex : la masturbation en face à face où les deux partenaires se masturbent eux-mêmes et s'excitent en s'observant. Elle a l'avantage d'être rapide et efficace : votre homme ne tâtonnera pas trois heures à la recherche du clitoris perdu... Vous ne galèrerez pas à trouver l'amplitude et le tempo pour provoquer la chère éjaculation.
L'autre pratique consiste en une masturbation mutuelle, successive ou simultanée, il faut être très fort à ce jeu-là et bien connaître son partenaire car la concentration nécessaire à se faire jouir est déjà assez intense. Il est donc difficile de mener à bien une autre manœuvre du même type, qui plus est sur un partenaire d'un sexe dif-

férent, et qui, comme tout le monde, a ses petites habitudes. À vous de voir, mais je vous conseille de vous reporter, si vous souhaitez développer cette technique, au chapitre suivant.

Dans les deux cas vous constaterez (ou avez déjà constaté) que l'excitation est intense (eh, c'est bon les vieux interdits !) et que l'on peut trouver tout autant de complicité que lors d'un rapport sexuel dit « classique ».

8. couple et masturbation

La masturbation est un plaisir solitaire, il n'est donc pas évident de l'introduire dans un couple... Toutefois, voici quelques arguments pour vous donner envie de partager ce plaisir et insuffler de la nouveauté dans vos ébats en couple !

Ce que les hommes aiment

Les hommes aiment nous voir jouir

Les hommes sont très excités par le spectacle de la jouissance féminine. Les hommes sont de toute façon toujours éminemment intéressés, plus que nous peut-être (mais peut-être seulement), par le sexe sous toutes ses formes.[1]

Donc, n'hésitez pas à être expressive quand vous vous masturbez car...

Les hommes aiment nous voir nous donner du plaisir

Rares sont les hommes que ce spectacle incommode. Si tel est le cas du vôtre, c'est qu'il ne doit pas être très à l'aise avec le sujet, y compris pour lui-même.

Les hommes aiment nous donner du plaisir eux-mêmes

Comme les hommes adorent tout contrôler, et surtout nous, arriver à nous masturber, en plus de nous donner du plaisir lors de l'acte proprement dit, est une source inépuisable de satisfaction. Ils ont alors le sentiment bien agréable d'avoir la totalité du mode d'emploi de leur compagne et de profiter d'absolument toutes les fonctionnalités de cette formidable machine. Un peu comme avec leur téléphone mobile ou leur GPS, vous voyez le genre ? Ne vous tourmentez pas cependant si vous ne parvenez pas à l'orgasme avec sa main à lui, cela n'est pas toujours possible (voir la partie suivante de ce même chapitre), à lui de l'admettre et de profiter quand même du spectacle.

1. Voir à ce propos mon livre *À quoi pensent les hommes*, City éditions, 2007, particulièrement le chapitre consacré à la sexualité.

Le must pour eux : quand ils nous font découvrir la masturbation

> *« J'ai rencontré ma femme lorsqu'elle était très jeune. J'avais dix ans de plus qu'elle, elle n'en avait que 19. Elle ne s'était jamais masturbée et était plutôt coincée côté sexe. Avec beaucoup de patience et de douceur, je lui ai appris à se caresser. Au début, elle en avait marre, elle comptait les minutes, et puis un jour elle a joui et depuis elle sait aussi le faire toute seule. J'ai trouvé ça formidable, d'être son pygmalion, d'être celui qui l'éveille au sexe. »*

Les hommes aiment que nous racontions nos fantasmes quand nous nous masturbons

Avant, pendant, après : à vous de choisir. Avant, cela fait monter l'excitation, pendant, cela fait carrément perdre la tête, après, ça donne envie de recommencer. Mais ce qu'il veut savoir, c'est ce qu'il y a dans votre cervelle à vous quand vous vous faites jouir. Si vous êtes une petite maligne, vous aurez soin de lâcher, entre deux images torrides, que, finalement, ce qui vous excite le plus c'est de penser à ce que lui vous fait au lit. Succès garanti. Il aura ainsi l'impression d'être tout le temps avec vous, même quand il n'est pas là.

Les hommes aiment que nous leur livrions « nos secrets de masturbation »

Mieux que des secrets de cuisinière, révélez-leur vos petits trucs pour jouir fort. Certaines femmes n'osent pas se masturber « à fond » devant leur partenaire. D'autres n'avouent pas les fantasmes qui les mènent immanquablement à l'orgasme : elles édulcorent leur onanisme par souci d'esthétisme ou de peur de choquer le monsieur. C'est un tort. Sachez que les hommes sont bien moins bégueules que nous et qu'ils n'hésitent pas à donner dans le « hard » quand il le faut. Dites-lui vraiment ce que vous aimez vous faire, il vous sera reconnaissant de l'avoir laissé pénétrer votre intimité...

À l'eau !

« J'ai pour habitude de me masturber dans ma baignoire avec la pomme de la douche. Je ne l'avais dit à aucun de mes partenaires jusque-là et quand certains voulaient que je me masturbe devant eux, je faisais semblant en me touchant le clitoris, comme je l'avais vu faire dans les films.
Et puis j'ai rencontré François. On était très amoureux et j'ai voulu qu'il partage absolument tout de moi. Je lui ai dit que je ne me masturbais pas tout à fait de la manière classique, il a été très intrigué et excité et a voulu savoir. Alors nous sommes allés dans la salle de bain et je l'ai fait devant lui.
Il semblait émerveillé que je lui livre ce secret. Il n'osait rien faire, il regardait, c'est tout, alors, après avoir joui une fois, je lui ai donné la douchette et c'est lui qui m'a refait jouir une seconde fois comme cela.
Depuis nous partageons ça. »

Ce qu'ils n'aiment pas

Les hommes n'aiment pas qu'on leur dise qu'ils s'y prennent mal

Le conseil est valable pour la totalité du rapport sexuel. Les hommes ne supportent pas qu'on les prenne en défaut : tout ce qu'ils font est toujours bien, si nous nous plaignons c'est que nous sommes des emmerdeuses, c'est bien connu. Bien évidemment, les deux tiers d'entre eux s'y prennent mal. Non pas parce que les hommes sont des benêts (non non ! qui croirait une chose pareille ?), mais parce qu'il est normal de ne pas savoir ce que ressent l'autre lorsqu'on n'est pas lui. On peut s'approcher de ce qu'il ressent, mais on n'en est pas moins, avant tout, dans sa propre peau. Du reste – et à leurs dires –, nous ne sommes pas toujours brillantes non plus quand il s'agit de les masturber ou de les sucer alors...

Les hommes n'aiment pas qu'on leur dise que c'est meilleur de se masturber que de faire l'amour avec eux

Soyons honnête : vous n'apprécieriez pas qu'il déclare préférer la nourriture de la voisine ou celle de sa mère à la vôtre au moment même où il est en train de chipoter dans l'assiette que vous venez amoureusement de lui remplir. Alors, même si c'est vrai, ne lui dites pas trop brutalement. Dites-lui que vous aimez beaucoup ce qu'il vous fait, qu'il vous donne beaucoup de plaisir (vous n'avez pas à entrer dans les détails), mais que l'orgasme clitoridien, vous l'obtenez à tous les coups par la masturbation. Dites-lui qu'il en est ainsi pour beaucoup de femmes. Au besoin, faites une comparaison avec l'orgasme masculin qui, obtenu par la masturbation, est fulgurant et toujours apaisant. Il comprendra. Mais jamais, au grand jamais, ne dévalorisez ce qu'il vous fait au profit de la masturbation : c'est s'assurer, à terme, de son désintérêt pour votre plaisir.

Les hommes n'aiment pas qu'on leur dise ce qu'il faut faire d'un ton péremptoire

Le conseil s'étend à tous les domaines de votre vie commune ou de votre relation. Personne n'aime recevoir d'ordres et encore moins les hommes. Lui donner un ordre sur la façon de vous donner du plaisir n'est valable que pour les hommes qui aiment être soumis et rentre donc dans un savant jeu de sadomasochisme. Autrement soyez sûre que l'homme se braquera et fera exactement le contraire de ce que vous lui demandez, voire rien du tout.

Les paroles sont généralement mal interprétées en matière de masturbation mutuelle, montrez-lui plutôt, avec douceur, ce que vous préférez.

Les hommes n'aiment pas qu'on se masturbe s'ils ont « failli »

Ils ne l'avouent que rarement, mais la faillite est déjà chez eux très éprouvante. Aussi, si, à peine remis de leur panne, ils vous voient aussitôt vous précipiter sur votre clitoris d'un air contrarié, soyez assurée de les vexer.

De plus, si un homme a une panne, il s'attend plutôt à ce que sa partenaire soit auprès de lui et le rassure ;

non pas qu'elle lui tourne le dos et s'occupe de son propre plaisir. C'est une question de politesse et de respect de l'autre. Nous sommes les premières à protester lorsque ces messieurs se tournent vers le mur pour s'endormir sitôt leur plaisir pris, alors soyons cohérentes. Certes, il est toujours frustrant d'avoir affaire à une panne sexuelle chez l'homme, mais, surtout si celle-ci est occasionnelle, soyez fair-play de grâce, et faites comme si vous gériez très bien la situation. Se masturber illico devant lui revient à dire à peu près : « On n'est jamais si bien servie que par soi-même, espèce d'incapable. » C'est un peu dur, avouez-le.

Les hommes n'aiment pas qu'on se masturbe à leur insu pour pallier les déconvenues de l'acte

Faites-le bien sûr, mais ne vous faites pas prendre. Si vous êtes prise « la main dans le sac » (enfin... dans la culotte), votre cher et tendre risque de se sentir doublement trompé : d'abord parce que vous lui aurez probablement menti sur votre plaisir au moment où vous faisiez l'amour et que le seul fait que vous soyez en train de vous donner un orgasme hors de sa vue prouve le contraire, ou prouve en tout cas que vous n'avez pas eu « votre compte ». Ensuite, parce que si vous vous masturbez sans lui, il risque d'avoir l'impression d'être abandonné. S'il vous surprend dans la salle de bain alors que vous sortez de ses bras, dites-lui que vous êtes encore excitée par ce qu'il vient de vous faire et que ça vous a pris « comme ça ». Puis retournez sans tarder au lit avec lui et faites partager...

Manuel du pédagogue : comment apprendre à votre cher et tendre à vous masturber… ou à y renoncer…

Tout le monde n'est pas doué pour la masturbation clitoridienne féminine, pour certaines d'entre nous, cela a pu être laborieux avant d'y parvenir : c'est long, il faut être énergique, technique, patient. Alors imaginez pour quelqu'un qui, même s'il nous aime, n'est pas nous ! De plus, si vous seule parvenez à vous faire jouir, il va être difficile à votre partenaire de vous remplacer. Vous pouvez décider de ne pas vouloir lui apprendre, mais lui peut le vouloir à toutes forces, vous mettant ainsi dans l'embarras. Voici quelques cas de figure pour avoir la bonne attitude et opter pour la meilleure solution.
Nous avons recensé quatre situations les plus courantes pour le couple et la masturbation féminine.

Votre partenaire est à l'aise avec la masturbation féminine

Il est probablement à l'aise avec la masturbation tout court et c'est tant mieux pour vous. Il accepte de se masturber devant vous et il vous demande de le faire devant lui. Il est donc à l'écoute de tous vos désirs et prêt à apprendre si vous y tenez. Le plus gros du travail, c'est à vous de le faire. C'est votre choix : si vous voulez qu'il apprenne à vous caresser, il ne faut rien omettre de lui dire, le guider de la main, intégrer votre masturbation à vos jeux et bien sûr, lui rendre la pareille. Avec ce type de partenaire vous pouvez aussi lui laisser l'initiative, on ne sait jamais il pourrait – c'est rare mais cela arrive – vous faire découvrir de nouvelles jouissances clitoridiennes. En général, il connaît aussi bien les arcanes du point G et il sera, avec ses doigts, bien plus efficace qu'un gode, veinarde !

Il n'est pas du tout à l'aise, mais il veut bien essayer

Sa bonne volonté vous fait déjà faire la moitié du chemin. Pour autant, en matière de plaisir, tout est dans la tête et aussi technique puisse être votre petit cours, si monsieur est coincé de ce côté-là, il ne sera jamais très efficace pour vous faire jouir de la main. Il y a fort à parier d'ailleurs qu'il ne soit pas un amant extraordinaire non plus, d'où votre demande. Donc, si vous êtes amoureuse de lui et n'avez pas l'intention de le larguer (ce qui serait préférable dans le cas contraire), avant que de lui donner un cours magistral, arrangez-vous pour le détendre au maximum sur le chapitre du sexe, soyez à l'aise vous-même : par contagion, il le deviendra. Excitez-le au maximum, quand il aura perdu la tête, il se posera moins de questions.

Deux petits jeux à deux pour détendre et exciter

- **Arrangez-vous pour qu'il vous voit vous masturber en croyant que vous ne le voyez pas** (vous suivez ?). Une petite mise en scène est nécessaire : par exemple, vous savez qu'il rentre du travail à une certaine heure, faites semblant d'être prise sur le fait en train de vous caresser devant un miroir, lui tournant le dos, les yeux fermés, vous l'entendez arriver. Vous le laissez regarder un moment, puis vous ouvrez les yeux et « l'apercevez ». Conviez-le alors à vous rejoindre : vous aviez commencé, il n'aura qu'à finir et le résultat l'encouragera à recommencer la fois suivante.

- **Vous pouvez aussi, au lit, lui bander les yeux et le guider** : il ne vous verra pas, mais ne se verra pas faire non plus et sera obligé de se concentrer sur ses sensations. La gêne des regards qui se croisent sera évitée.

Votre plaisir solitaire est un ennemi à abattre, un rival

Votre homme est si peu sûr des talents de son pénis que tout acte d'indépendance de votre part est vécu comme un affront personnel à sa virilité. Pour lui, une femme qui se masturbe est soit une vicieuse, soit une frustrée (mais rien au milieu) qui ne sait pas jouir avec un mec, un vrai. D'ailleurs lui va vous le montrer si bien que vous n'aurez plus envie de vous masturber, c'est sûr. Vous avez beau lui dire que son pilonnage digne de Rocco Siffredi vous laisse froide, il continue comme un marteau-piqueur : une horreur !

Il va falloir beaucoup dialoguer c'est sûr, établir un parallèle avec sa propre masturbation (car lui se masturbe sûrement devant vous ou à votre insu), lui dire que les femmes ont en ce domaine les mêmes besoins que les hommes (ce n'est pas gagné). Soyez très enthousiaste sur ses performances sexuelles pour le rassurer. Présentez-lui la masturbation comme une fantaisie sexuelle, une perversion à deux au même titre qu'une visite dans une boîte échangiste ou un film porno. S'il demeure fermé à tout cela, laissez tomber. Ne l'obligez pas à vous regarder faire, il se fermerait davantage. S'il est un bon amant (improbable) et/ou que vous êtes amoureuse de lui, gardez-le dans votre lit, sinon changez d'homme sans attendre : les ayatollahs ne sont pas épanouissants pour une femme. À force de vous masturber en cachette de lui vous finirez par prendre un amant.

Que dire à celui qui veut à tout prix bien faire, mais ne vous écoute pas ?

Il a lu toute la presse spécialisée et la littérature idoine – et en plus, maintenant, il va lire ce livre... – et prétend tout connaître de la femme et de ses orgasmes. Ayant décidé de devenir un bon amant comme on entreprend MBA ou un diplôme d'ingénieur, votre fiancé s'est mis en tête de vous faire jouir et à sa manière. Fort bien ! Vous tentez alors de rectifier le tir car généralement ce genre d'homme se goure complètement et de rythme et d'intensité. Vous avez beau lui dire que sans votre coussin rose entre les cuisses vous n'y arriverez pas, il reste sourd à votre requête car il est persuadé que si Julia Channel (c'est une célèbre actrice de porno !) peut y arriver, vous aussi. Au bout d'un moment, lassée,

vous simulez, il est content , mais la cassure est faite : désormais votre couple est passé en mode « dialogue de sourds ».
Dites-lui avant toute chose, les yeux dans les yeux, et de préférence hors du lit (c'est un terrain de performance pour lui, c'est pour ça qu'il y est sourd), qu'il n'y a pas de honte à apprendre de sa partenaire, surtout un truc qui la concerne. Dites-lui aussi que ce n'est pas obligé qu'il puisse vous faire jouir lui-même, mais que vous seriez ravie qu'il vous accompagne dans votre plaisir avec des caresses, des baisers, des paroles d'encouragement tout aussi excitants qu'une caresse technique et appliquée. Allez sur son terrain, l'érudition, et faites-lui lire ce livre puis le rapport Hite : il verra qu'il n'y a pas qu'une façon pour une femme de se masturber et en tombera des nues.

Masturbation mutuelle

On peut choisir de se masturber simultanément ou l'un après l'autre. La masturbation mutuelle et simultanée est très difficile à pratiquer, il faut bien se connaître et trouver la bonne position, le bon rythme, mais surtout rester concentrés. Voici quelques positions pour vous aider à trouver l'harmonie, si ce n'est le tempo.

LES DIFFÉRENTES POSITIONS

Pour celles qui jouissent de caresses clitoridiennes directes ou avec le point G

En 69 : l'homme caresse la femme avec ses doigts ou sa bouche, la femme masturbe l'homme avec ses doigts.

Face à face : masturbation mutuelle simple à l'aide des doigts sur le clitoris ou dans le vagin debout ou couchés face à face.
Ces positions sont aussi praticables avec un gode.

Pour celles qui jouissent avec quelque chose entre les jambes

• La femme est assise sur un accoudoir de fauteuil ou sur un coussin, l'homme la tient dans ses bras et accompagne le mouvement tandis qu'elle le masturbe. Pendant ce temps, elle serre le membre de son amant fermement.

• La femme s'assoit à califourchon sur la cuisse de l'homme et, de la main, le masturbe. La position peut être assise ou allongée sur le côté, mais toujours face à face.

Dans tous les cas, vous parviendrez plus sûrement au plaisir s'il y a entre vous de la complicité et de la tendresse et non un souci de performance. Il vaut mieux un amant qui n'arrive pas à vous masturber, mais qui demeure au plus proche de vous tandis que vous vous donnez du plaisir, qu'un autre qui vous mènera au bout de l'orgasme, mais demeurera « technique », distant et satisfait de sa petite personne. Cet orgasme-là n'aura aucune saveur.

9. sujets de conversation

« Le Petit Larousse, né en 1906, a dû attendre l'âge de soixante-dix ans (son édition de 1976) pour connaître la masturbation. »

Jacqueline Feldman,
La Sexualité du Petit Larousse (1981).

« L'art n'a pas à représenter ce qui est pénible. »
Johann Wolfgang von Goethe

Que lire, que voir, après – ou avant – s'être masturbée ?

La masturbation est un sujet purement érotique et n'a donc jamais été au centre de polémiques ou de faits de société comme les relations entre personnes de même sexe, l'adultère, la sodomie ou autres. C'est un peu la Bibliothèque Rose de notre fonds culturel sexologique, le côté « Oui-Oui » de la libido. Tout se passe comme si la masturbation n'avait pas du tout de poids dans la vie humaine, qu'elle n'engendre que compassion, amusement ou rêverie. Ou bien on en parle gentiment, ou bien on n'en parle pas du tout ! Que du light en quelque sorte. Elle est donc largement investie par les genres artistiques les plus dénués d'enjeux politiques comme la poésie ou la peinture.

DES DICTIONNAIRES

Définitions et synonymes

Si l'on s'en tient à la définition du *Robert* on demeure stupéfait : le mot inventé au XVIe siècle (1576 exactement) par Montaigne traduit l'action de se souiller :
« **Masturbation**, nf : éthym. 1580, Montaigne ; lat. masturbatio, de manus "main", et stupratio "action de souiller" ; cf. Manustupration.
Pratique qui consiste à provoquer le plaisir sexuel par l'excitation manuelle des parties génitales (du sujet ou du partenaire). Masturbation réciproque ; masturbation solitaire. Onanisme solitaire (plaisir solitaire). »

Plus loin, quelques synonymes nous réconcilient avec l'acte : **branlade, branlage, branlée, branlette**, imageant plus joliment le mouvement et oubliant par-là les conséquences qu'il était à l'époque censé engendrer.
On reste aussi un peu rêveuse en tant que branleuse en contemplant l'ethnocentrisme habituel de nos académiciens : rien n'est spécifique à notre sexe dans ce vocabulaire et le Robert indique ue autre synonyme fort piteux, « la veuve poignet » ; uniquement employé pour désigner la masturbation masculine, la veuve poignet est la compagne des solitaires infortunés. (Car autrefois les veuves se dévouaient pour soulager les jeunes hommes. Dans ce cas précis, il n'y a que la veuve poignet à proximité.)
Pareillement, il illustre le verbe « se masturber » d'expressions strictement réservées aux hommes comme : *se polir le chinois* ou *la colonne.*

Il faut fouiller un peu dans les vieux grimoires du Moyen Âge pour découvrir quelques trésors qui désignent le clitoris et donc, logiquement, l'acte de l'émouvoir. Ceux-ci sont particulièrement intéressants : **la chatouille, la fraise des bois, la framboise, le haricot, la languette, la lentille, la noisette, la perle, la praline**... et indiquent la façon dont on peut révéler ses talents.

Mercier de Compiègne [1], publie en 1720 à Amsterdam : *« C'est le seul moyen d'être sage au couvent puisqu'on ne peut l'être sans se clitoriser ou se manuéliser. »* [2]

1. Mercier de Compiègne, *Éloge du sein des femmes*, éditions Lacour, 1996 (réédition de l'œuvre imprimée en 1873).
2. Philippe Brenot, *Éloge de la masturbation*, Zulma, 2002.

Mais c'est *Les Nuits d'une demoiselle,* chanson interprétée par Colette Renard, qui offre le plus grand concentré d'expressions pour décrire joyeusement et sans honte notre petite affaire à nous les filles :

Que c'est bon d'être demoiselle
Car le soir dans mon petit lit
Quand l'étoile Vénus étincelle
Quand doucement tombe la nuit

Je me fais sucer la friandise
Je me fais caresser le gardon
Je me fais empeser la chemise
Je me fais picorer le bonbon

Je me fais frotter la péninsule
Je me fais béliner le joyau
Je me fais remplir le vestibule
Je me fais ramoner l'abricot

Je me fais farcir la mottelette
Je me fais couvrir le rigondonne
Je me fais gonfler la mouflette
Je me fais donner le picotin

Je me fais laminer l'écrevisse
Je me fais foyer le cœur fendu
Je me fais tailler la pelisse
Je me fais planter le mont velu

Je me fais briquer le casse-noisettes
Je me fais mamourer le bibelot
Je me fais sabrer la sucette

Je me fais reluire le berlingot

Je me fais gauler la mignardise
Je me fais rafraîchir le tison
Je me fais grossir la cerise
Je me fais nourrir le hérisson

Je me fais chevaucher la chosette
je me fais chatouiller le bijou
Je me fais bricoler la cliquette
Je me fais gâter le matou

Et vous me demanderez peut-être
Ce que je fais le jour durant
Oh ! cela tient en peu de lettres
Le jour, je baise, tout simplement

DES TOILES

La masturbation a beaucoup inspiré les peintres et les poètes qui y voyaient une occasion supplémentaire, mais ô combien épicée, de représenter la nudité féminine.
Dans la peinture, Fragonard, Le Titien, Manet, Klimt, Picasso pour ne citer qu'eux, ont été d'excellents observateurs du phénomène. Les jolies branleuses sont généralement des inconnues, à demi ou totalement dénudées. L'acte semble esquissé, mais c'est qu'il est un mouvement, plus difficile à représenter en peinture qu'au cinéma.

Bien sûr, les olisbos, ancêtres de nos godes, ont été l'objet de toutes les attentions des artisans de toutes origines. Les matériaux les plus précieux y ont été consacrés – ivoire, bois, or, argent, etc. – ornés des scènes évocatrices qui convenaient à la situation.

Lionel Dax [1], auteur de *La Caresse*, évoque la masturbation dans la peinture :
« *Voyons comment les peintres ont dessiné et peint l'acte de la caresse. Tous fascinés par la masturbation et la jouissance des femmes, ils ouvrent l'émoi par des détours de main. Par un pli, une main à l'écart, le rêve, ils suggèrent la prise de jouissance du moi féminin. Le thème de la Vénus couchée, courant à la Renaissance, permet ce glissement de la main entre pudeur et excitation, l'une entraînant l'autre et vice versa, comme les deux pôles de la sensibilité du corps féminin qui s'offre aux regards. Le rapport de désir qui s'installe entre un peintre et son modèle a été maintes fois analysé... La nudité, la tension de la pose, l'attention du peintre, le corps donné à l'inconnu de son image. Savoir regarder une femme n'est pas donné à tout le monde, sentir les frémissements de sa peau, de loin... C'est aussi un art d'être modèle, la concentration, les pensées érotiques qui galopent avec lesquelles il faut jouer. On désire celui qui nous peint, celui qui nous modèle. Picasso pense sûrement à la "rêverie" de Fragonard lorsqu'il peint* Le Rêve. *Le phallus ici ne dort que d'un œil. Chez Frago, Amour indique la direction du rêve à suivre, marquant d'une ombre la tête de la colonne. Il est six heures au cadran, plein sud, une fin d'après-midi, une femme assoupie d'un sommeil touffu, sa main nichée dans les plis de sa robe. Les femmes sont endormies, certaines*

1. Lionel Dax, *La Caresse*, éditions Terrail, collection « 2 000 ans d'images », 2004.

font semblant, attendent quelques faunes éperdus dans les forêts, d'autres livrent éveillées une franche nudité, libres. Elles sont là, présentes... Elles pressent le spectateur de savoir vraiment ce qu'il veut. Alors ? Il y a un lien ludique qui unit le sexe, la main et l'œil. "Ces livres que l'on ne lit que d'une main", ces tableaux et ces dessins que l'on ne regarde que d'un œil ! Ces modèles que l'on ne peint que d'une main... Ces femmes qui ne se découvrent que d'une main ! »

DES FILMS

David Hamilton avec ses nymphettes s'en est donné à cœur joie dans les années 70. Montrant des scènes très explicites dans lesquelles des jeunes femmes se frottent sous les voiles de leur baldaquin, c'est par exemple une scène fort jolie, dans *Laura et les ombres de l'été* [1]...
Le cinéaste Walerian Borowczyk [2], dans *Contes Immoraux,* emprunte la forme du film à sketches à l'instar de Pasolini dans ses *1001 nuits* et brosse, parmi d'autres savoureuses aventures, le portrait d'une sainte séquestrée par une mère demi-folle, qui transpose son amour pour Dieu dans la masturbation frénétique.

Plus récemment dans le *Portrait d'Anna M* [3], on voit une Isabelle Carré se caresser sauvagement l'entrecuisse

1. *Laura et les ombres de l'été* de David Hamilton avec : Maud Adams, Dawn Dunlap, James Mitchell, Pierre Londiche, Thierry Redler, 1979.
2. *Contes immoraux* de Walerian Borowczyk avec Fabrice Luchini, Lisa Danvers, Paloma Picasso, 1974.
3. *Anna M.* de Michel Spinosa avec Isabelle Carré, Gilbert Melki, Anne Consigny, Geneviève Mnich, Gaëlle Bona, Francis Renaud, Éric Savin, 2006.

tandis qu'elle écoute au téléphone la voix de son médecin adoré, lequel voudrait bien d'ailleurs se débarrasser de cette dingue.
Il est à noter que dans ce film, la masturbation féminine y est représentée sous le jour d'une misère sexuelle voire d'une folie furieuse et compulsive.

Tout comme dans *La Pianiste*[1] où Isabelle Huppert campe un personnage de concertiste détraquée et sadomaso qui va se masturber dans les recoins sombres des parkings tout en mélangeant voyeurisme et ondinisme.

DES ROMANS

Là encore, le phénomène est moins décrit que pour les hommes, mais la poésie reste de mise :
« L'idée de la masturbation lui était venue, assurait-elle, spontanément. Un jour, étant seule dans sa chambre, elle éprouva une sensation inattendue par le frôlement fortuit d'une chaise [...] La masturbation avait lieu surtout le matin, quand elle se sentait reposée. Elle s'en passait quelquefois un ou deux jours, jamais plus. Elle a éprouvé des rêves érotiques, avec réveil brusque, et suivis de lassitude. "Je me suis réveillée en pleine jouissance". »
« Le froissement de la soie vous excite, vous vous sentez mouillée ; aucune jouissance sexuelle n'égale pour moi celle-là [...] quand je peux prendre l'étoffe, je

1. *La Pianiste* de Michael Haneke avec Annie Girardot, Isabelle Huppert, Benoît Magimel, Suzanne Lothar, Anna Sigalevitch, Udo Samuel, 2001.

la froisse, cela me produit un serrement d'estomac particulier, ensuite, j'éprouve une espèce de jouissance qui m'arrête complètement la respiration ; je suis comme ivre, je ne peux plus tenir, je tremble, non pas de peur, si vous voulez, mais plutôt d'agitation, je ne sais pas [...] La jouissance passée, je suis très abattue, parfois la respiration se précipite, tous mes membres sont courbaturés. »
Gaëtan Gatian de Clérambault, *Passion érotique des étoffes chez la femme* (1908)[1]

« *Je m'arrête, je frémis, il me semble que je fonds, que je m'abîme, ah, m'écriai-je, mon Dieu ah ah, et je me relevai subitement épouvantée, j'étais toute mouillée.* »
Alfred de Musset, *Gamiani ou Deux nuits d'excès* (1848)[2]

« *Elle a une bague à chaque doigt, et chaque ongle des deux mains est teint d'une couleur différente de ses voisins ; celui du médius, plus court, d'un carmin lourd, désigne grassement le doigt de la masturbation.* »
Roland Barthes par Roland Barthes (1975)[3]

On trouve également dans *La Forêt veuve* de Silvagni[4] :
« *Y a la gamine innocente qui... aime bien l'invité... pire qu'un oncle... puis, dans un moment de silence... rouge de fierté et de honte de le faire, elle passe la jambe et bien à cheval, et écrase son bouton sur sa cuisse.* »

1. Réédité chez les Empêcheurs de penser en rond, 2002.
2. Réédité à La Musardine, « Lectures amoureuses », 2008.
3. Réédité au Seuil, « Écrivains de toujours », 1995.
4. Silvagni, *La Forêt veuve*, éditions Robert Laffont, 1958.

Et Dans *Tite belle* de Robert Turner [1], le clitoris de la jeune femme qui décide de le doucher est comparé à un marin dans son canot (formé par la hampe et le capuchon), très charmante image :
« *Elle plaça la poire de caoutchouc avec mille précautions sur la tête du tit marin dans son canot qui frétillait comme un naufragé apercevant ses sauveteurs.* »

1. R. Turner, *Tite belle*, éditions La Concorde, 1970.

conclusion

La masturbation, un acte libertaire ?

À n'en pas douter, l'acte de se masturber commence à peine à échapper à la censure du sexe bienséant qu'il se trouve déjà dans le camp des normalisateurs du sexe bien pensant.

Les femmes culpabilisaient de « le faire ». Aujourd'hui, à en croire les forums Internet, elles culpabilisent de ne pas le faire, ne pas le faire assez, le faire devant témoins ou avec tous les raffinements imposés par des codes de bonne conduite sexuelle.

La masturbation féminine est aussi assiégée par les marchands du temple qui viennent vendre onguents et jouets censés aider au plaisir, comme si la femme n'avait pas ses mains pour cela, comme s'il fallait l'aider...

Beaucoup de visions masculines prétendant accepter l'idée que les femmes se masturbent imposent insidieusement néanmoins – par le biais du cinéma porno notamment – des modèles et pratiques qui plaisent aux hommes et non aux femmes. La masturbation féminine est récupérée par les hommes pour leur plaisir perso, quel égoïsme !
De plus, beaucoup trop d'hommes mesurent le plaisir onaniste féminin à l'aune de leur propre plaisir, le clitoris n'étant qu'une pâle copie du seigneurial phallus.
Ne perdons pas de vue que la masturbation est un plaisir pour soi, intime, précieux. En parler, le montrer, est un cadeau que vous faites à l'autre, pas un passage d'examen. Du reste, je ne connais aucun concours féminin de masturbation, et si tel était le cas je m'élèverais violemment contre.
S'il est un message que ce manuel est censé vous délivrer c'est : « N'écoutez pas les leçons de sexologues et autres gourous, branlez-vous joyeusement et sans retenue. »
Il n'existe pas une manière de le faire, mais une quantité incroyable de variantes. Le plaisir masturbatoire est un acte intime qui ne souffre aucune comparaison et ne devrait rentrer dans aucun type d'économie. La masturbation ne sert à rien, c'est l'acte gratuit par excellence... C'est en cela que c'est un acte libertaire, non porteur de sens, sans dieu, ni maître...

bibliographie

Roland Barthes, Roland Barthes, Le Seuil, 1975, réédition en 1995.

Éloge de la masturbation, Philipe Brenot, Zulma, 2002.

Passion érotique des étoffes chez la femme, Gaëtan Gatian de Clérambault, 1908, réédition aux Empêcheurs de penser en rond, 2002.

Osez... faire l'amour partout sauf dans un lit, Marc Dannam, la Musardine, 2005.

La Caresse, Lionel Dax, Éditions Terrail, collection « 2 000 ans d'images », 2004.

Surveiller et punir, Naissance de la prison, Michel Foucault, Gallimard, 1975.

Osez... la chasse à l'homme, Jane Hunt, La Musardine, 2007.

À quoi pensent les hommes ?, Jane Hunt, City éditions, 2007.

Psychopathia sexualis, Docteur Richard von Krafft-Ebing, Librairie Thierry Garnier & Climats, 1990.

Sexual Behavior in the Human Female, Rapport Kinsey, Indiana University Press, 1998.

Le Sexe en solitaire. Contribution à l'histoire culturelle de la sexualité, Thomas Laqueur, éditions Gallimard, Collection NRF Essais, 2005.

Les Marchands d'illusions, enquête sur les dérives, abus, incompétences de la nébuleuse « psy » française, Marie-Jeanne Marti, Mardaga, 2006.

Gamiani ou Deux nuits d'excès, Alfred de Musset, 1848, réédition à La Musardine, « Lectures amoureuses », 2008.

Osez... tout savoir sur le point G, Ovidie, La Musardine, 2006.

Rapport Shere Hite, Robert Laffont, 1977. Nouvelle édition revue et augmentée parue en 2002 chez J'ai lu.

Le Sexe de la femme, Gérard Zwang, Tchou, 1978, réédition à La Musardine, « Lectures amoureuses », 1997.

Imprimé en Espagne par Sagrafic
Édition n° 2
Dépôt légal : Mars 2009